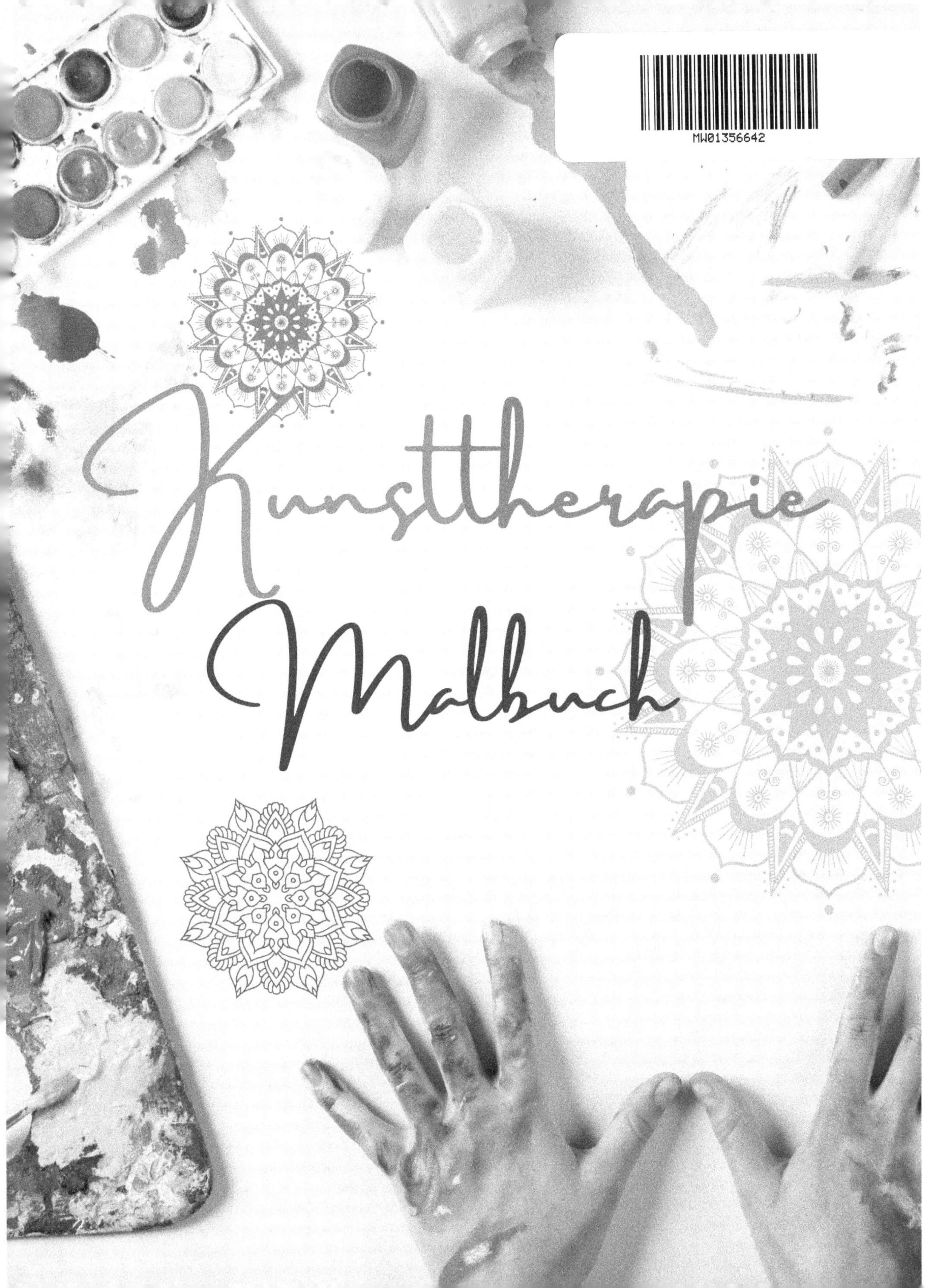

MW01356642

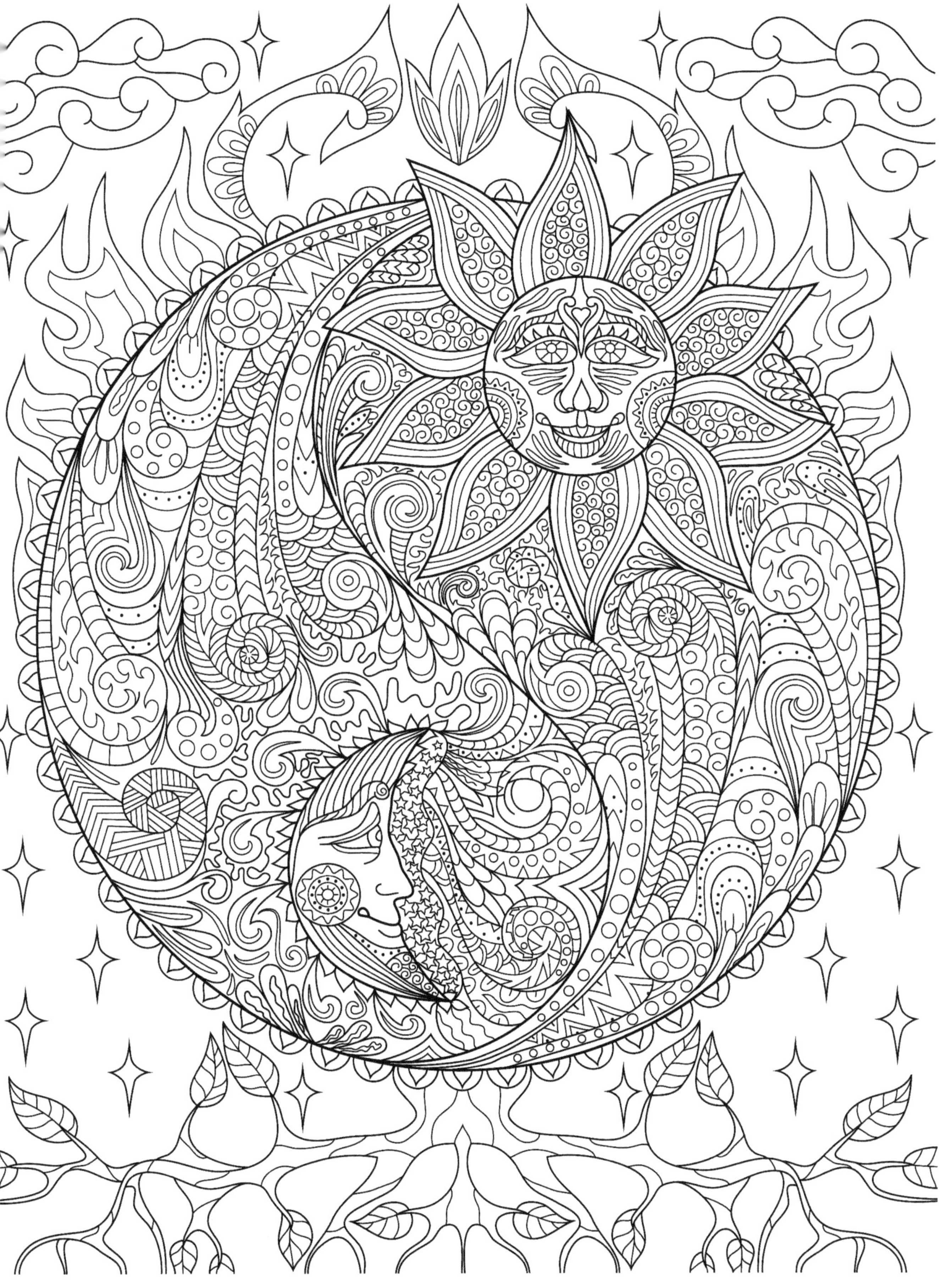

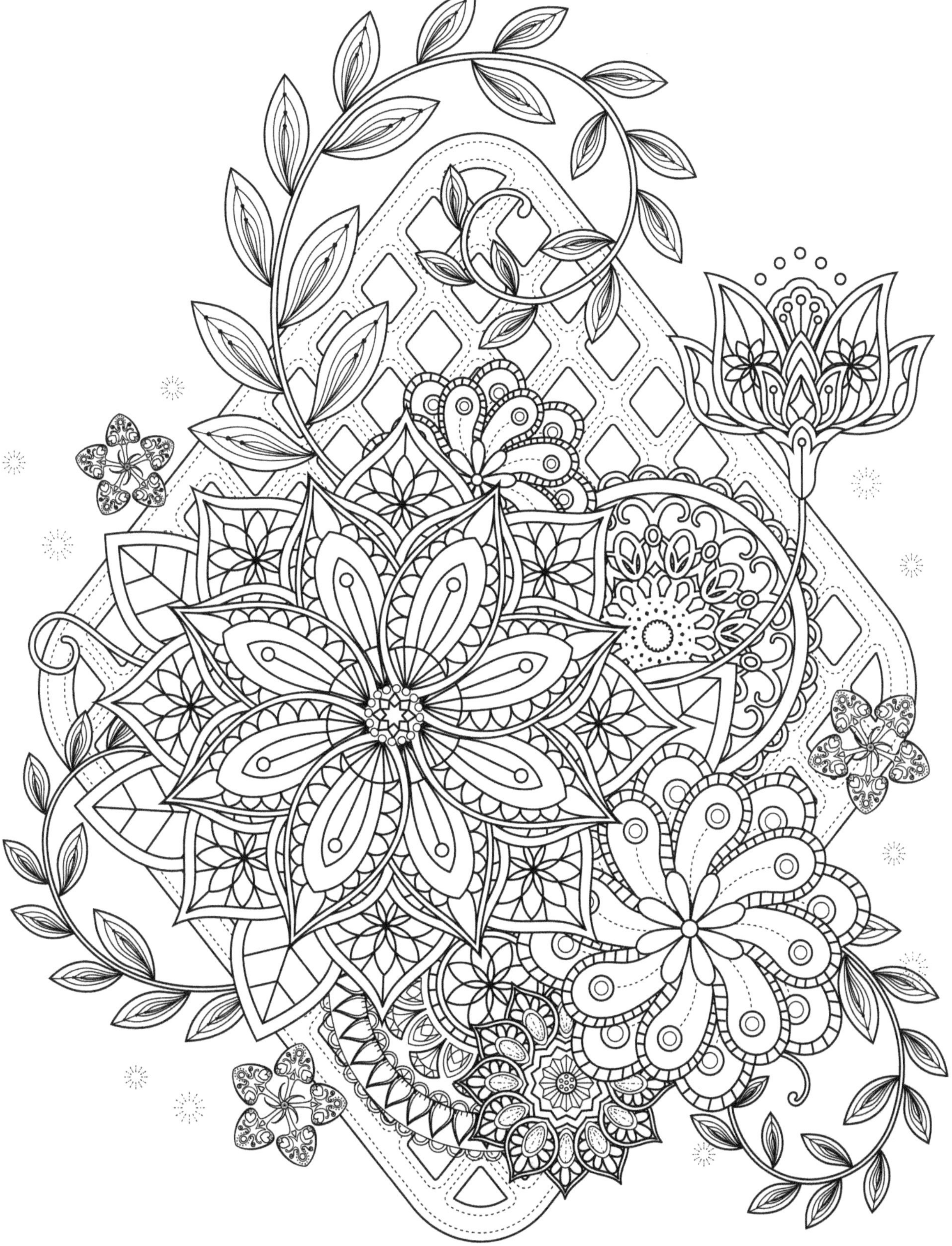

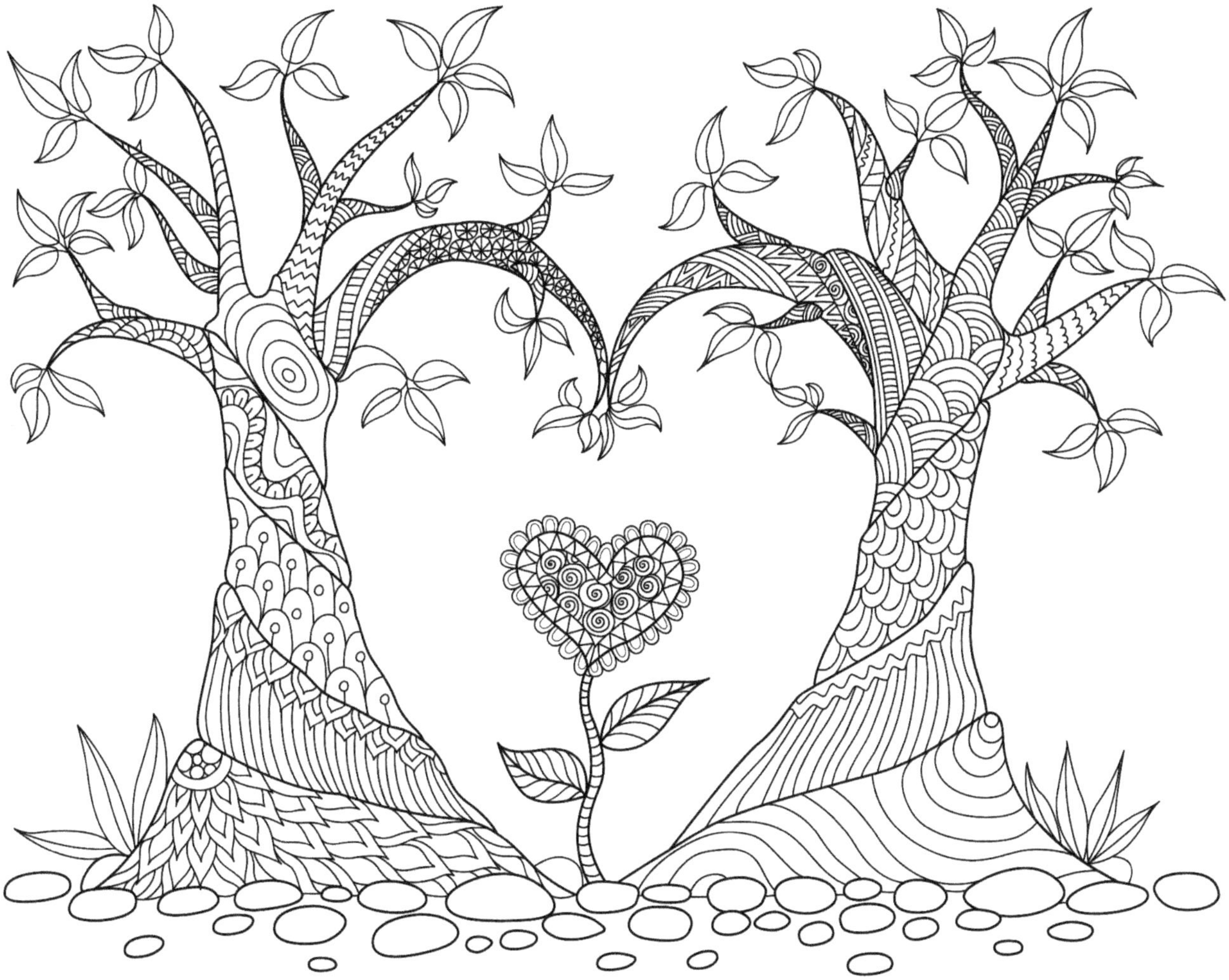

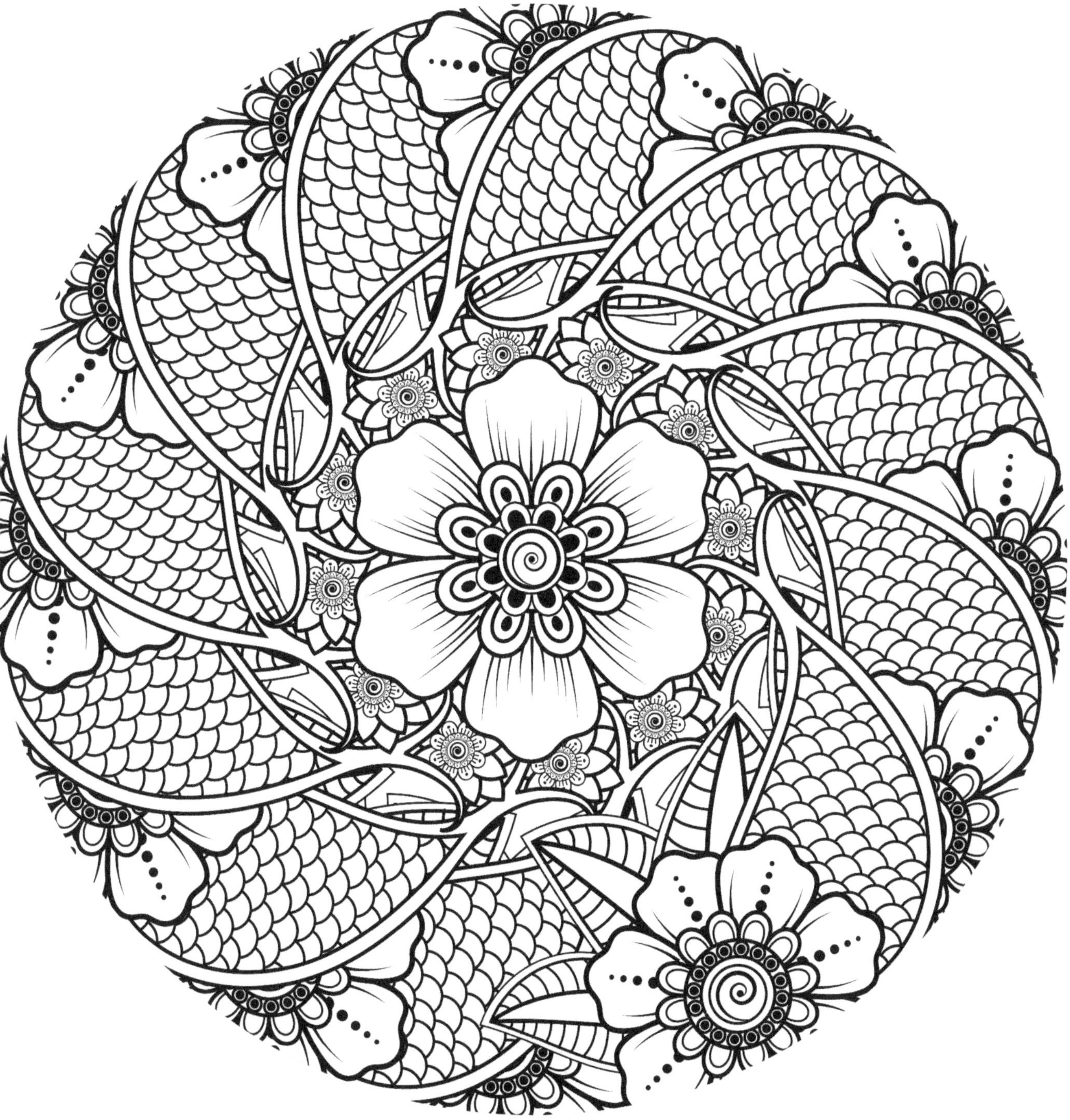

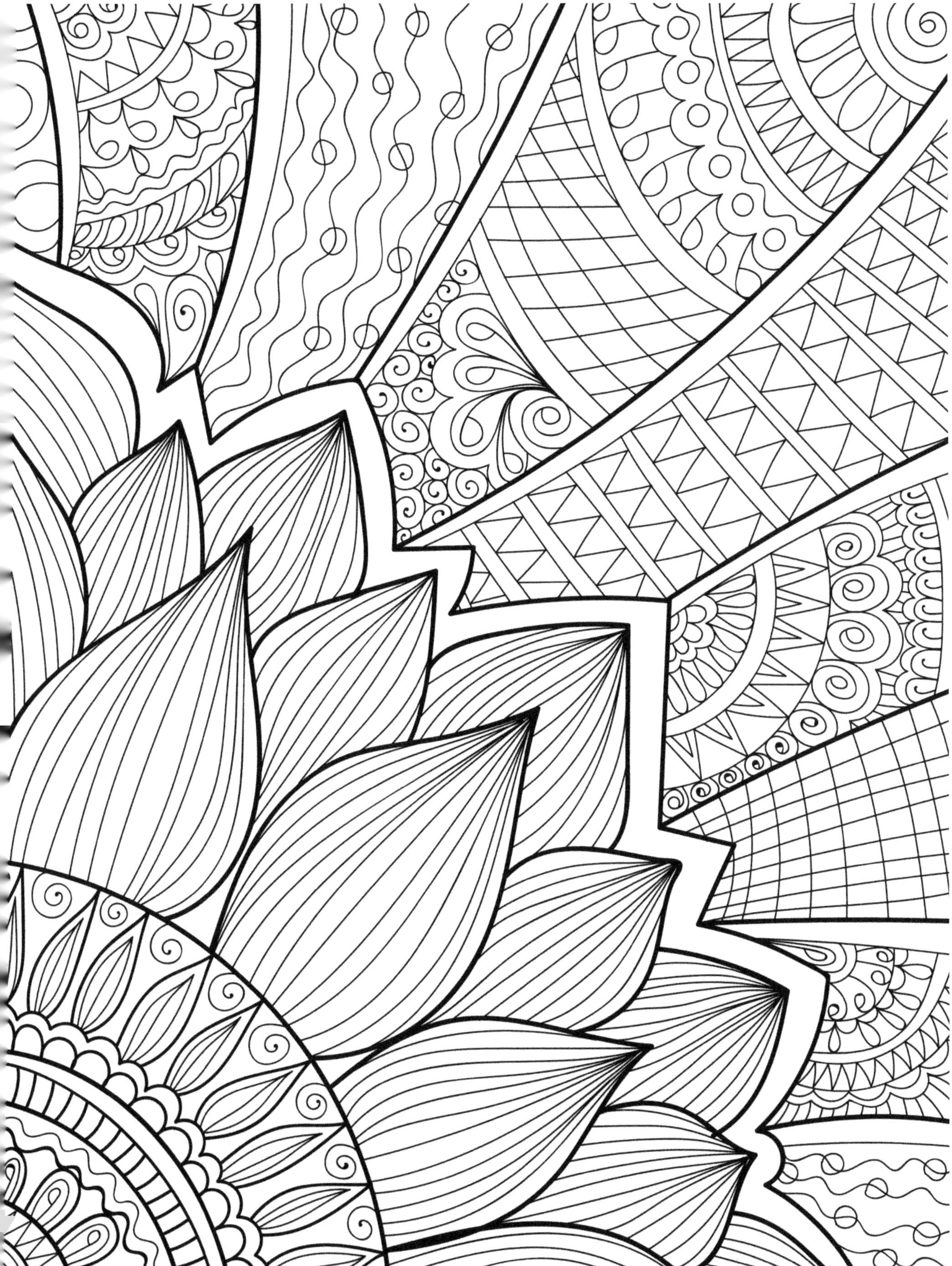

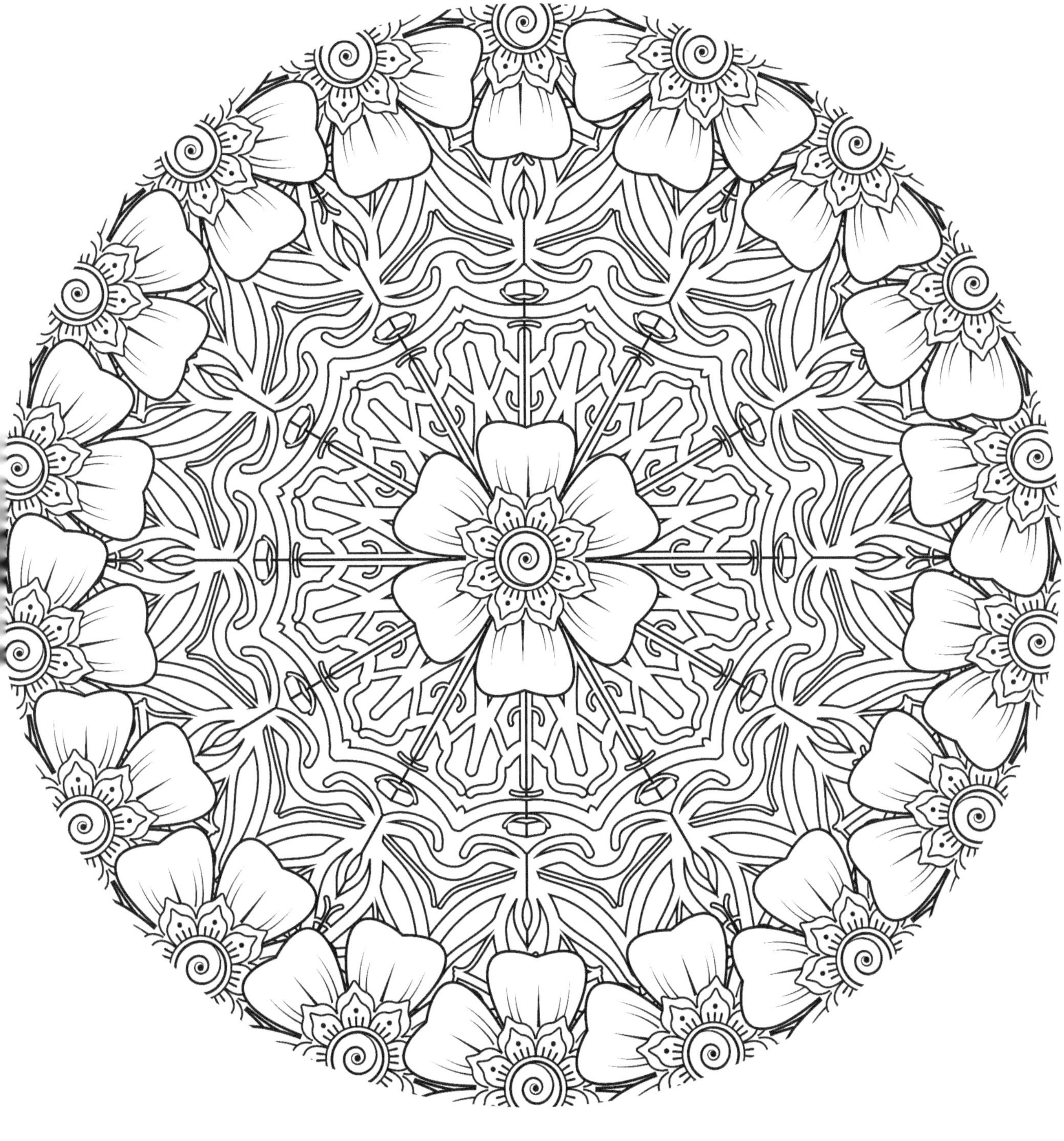

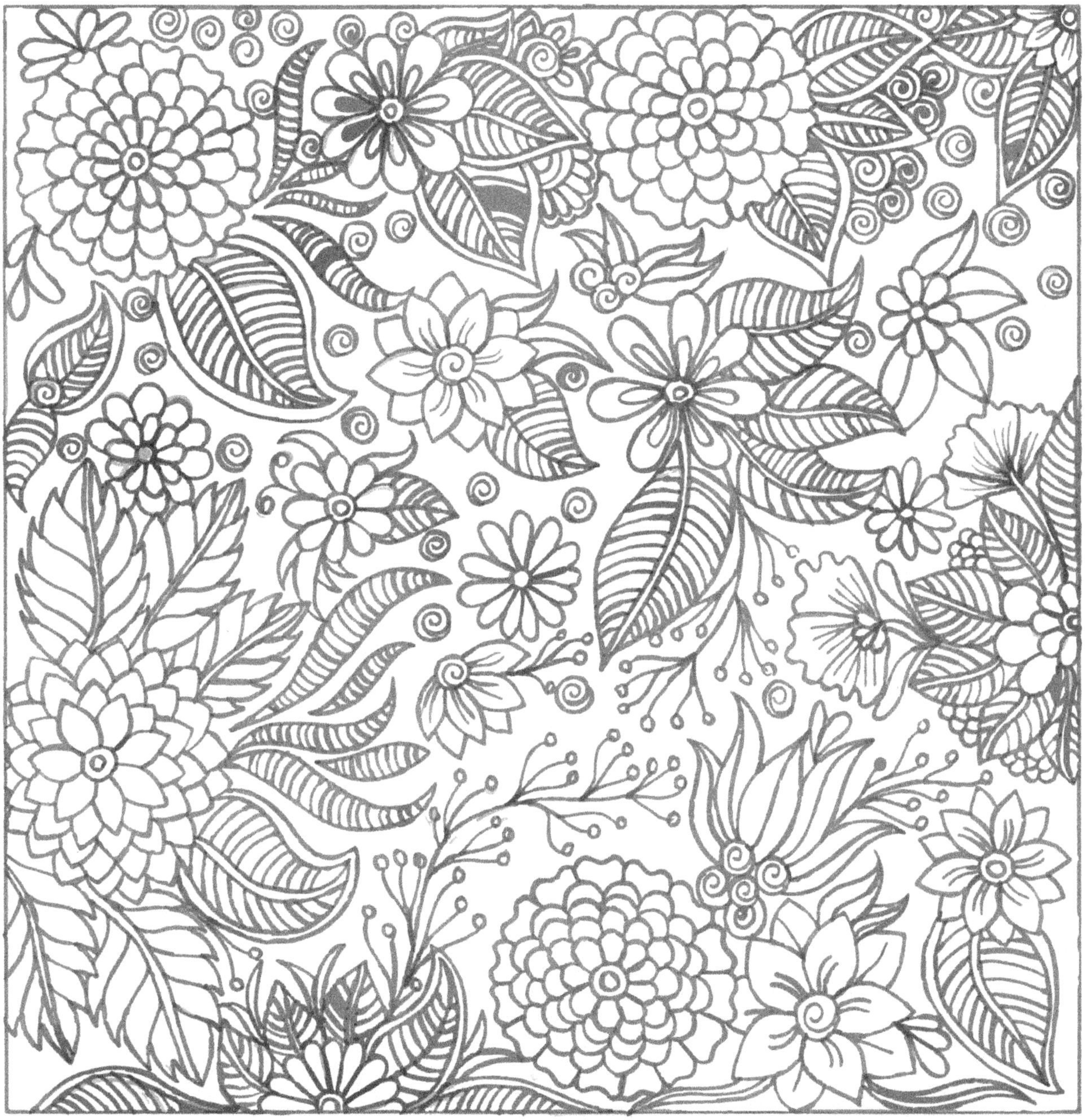

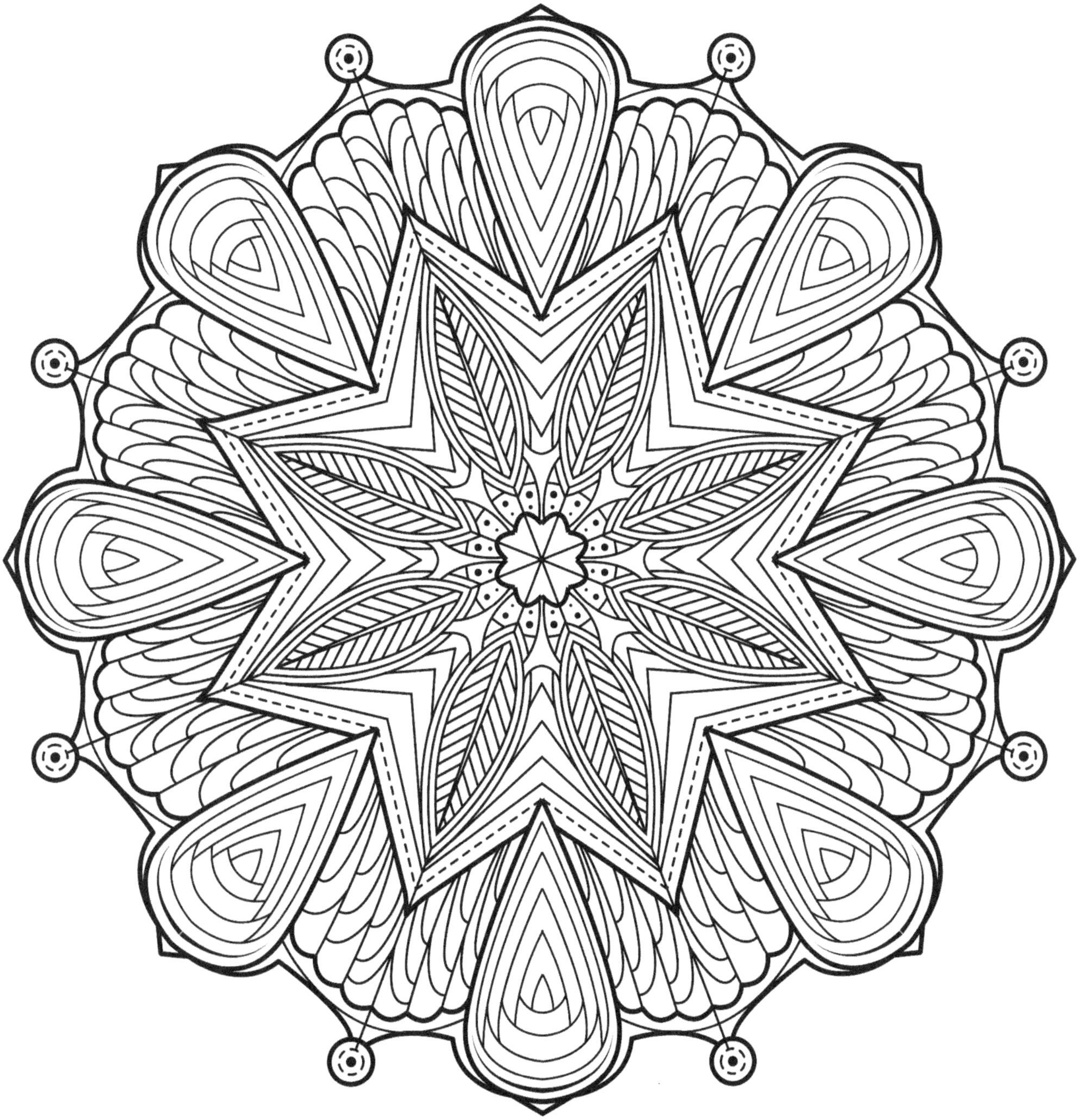

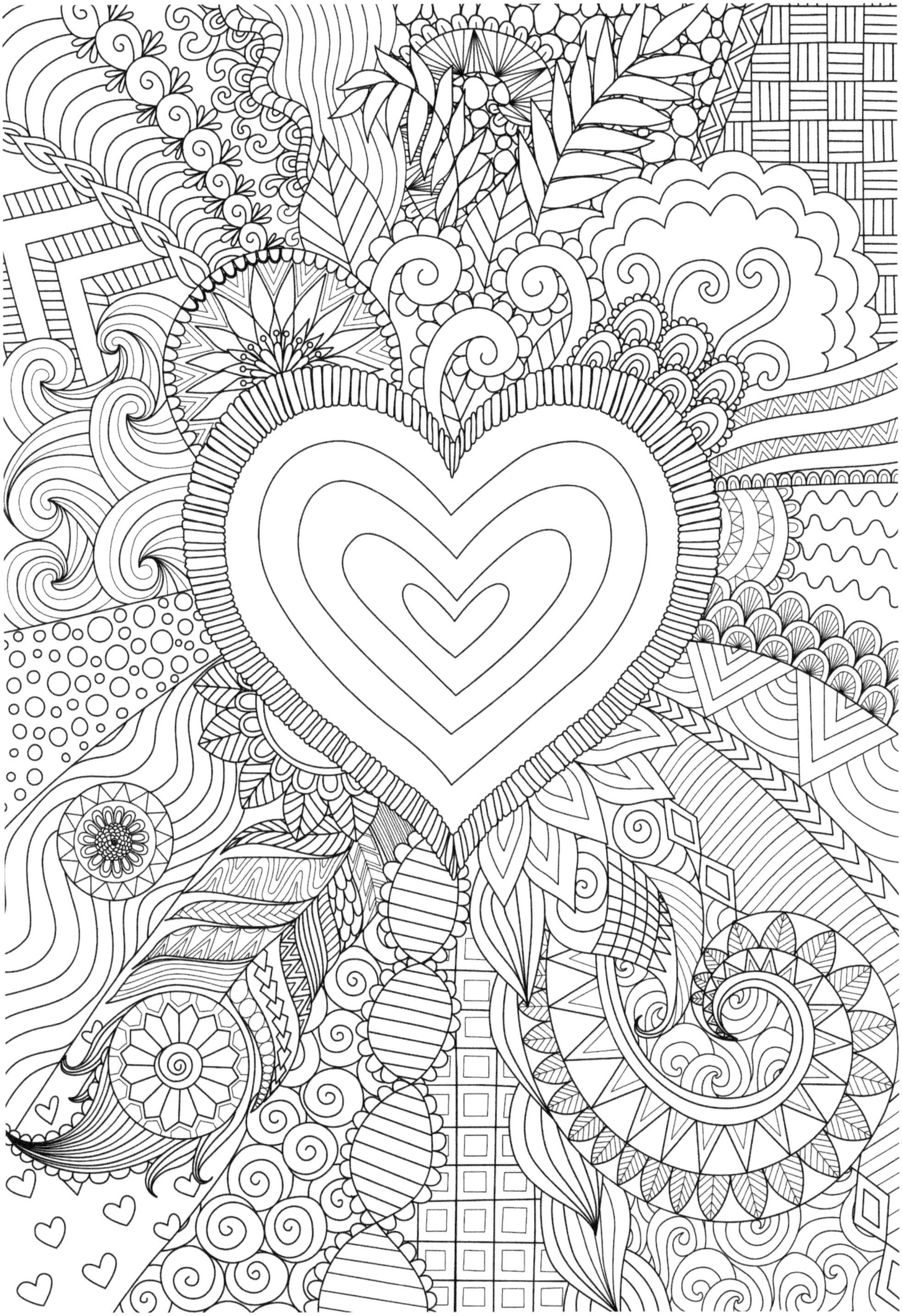

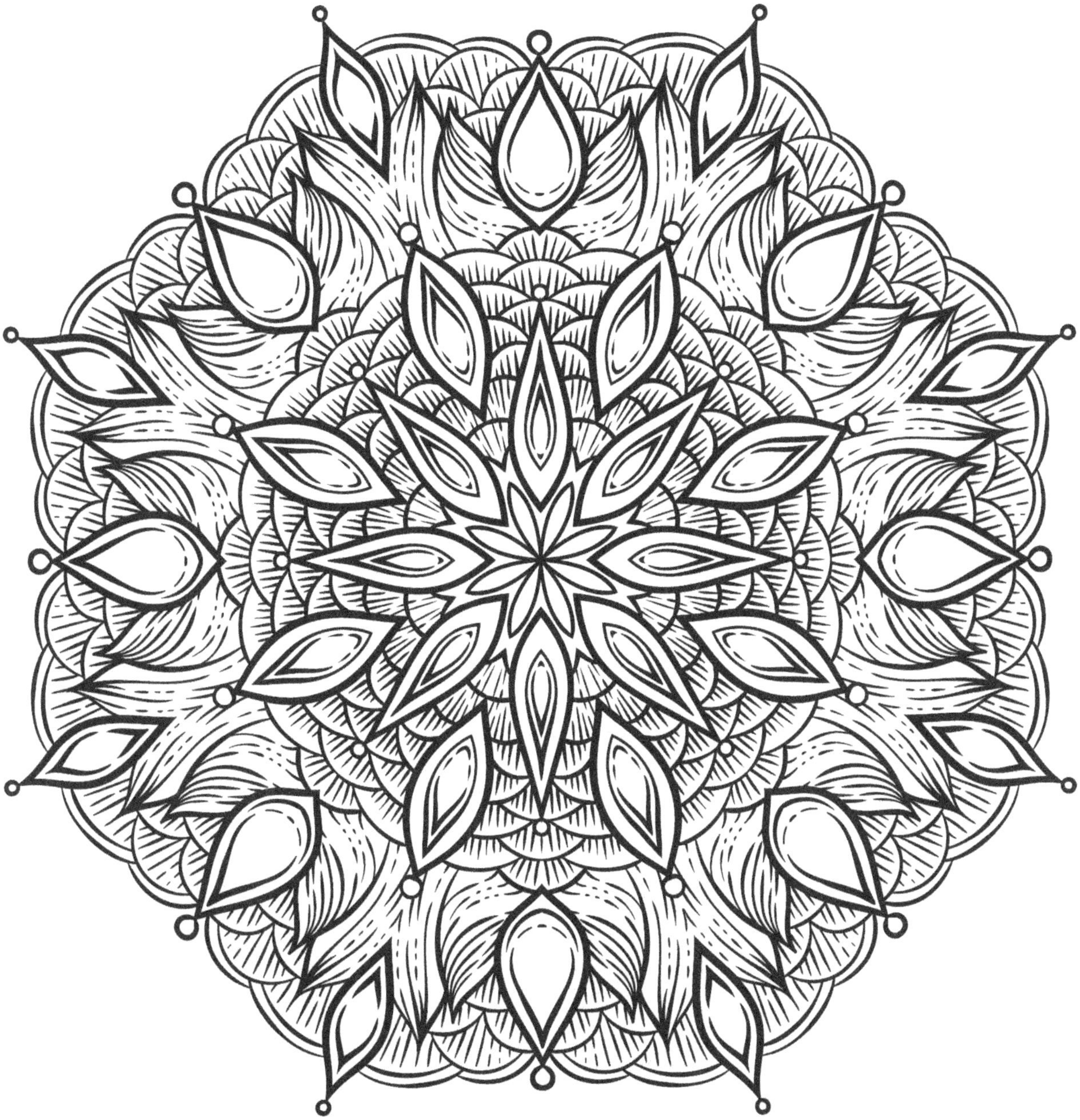

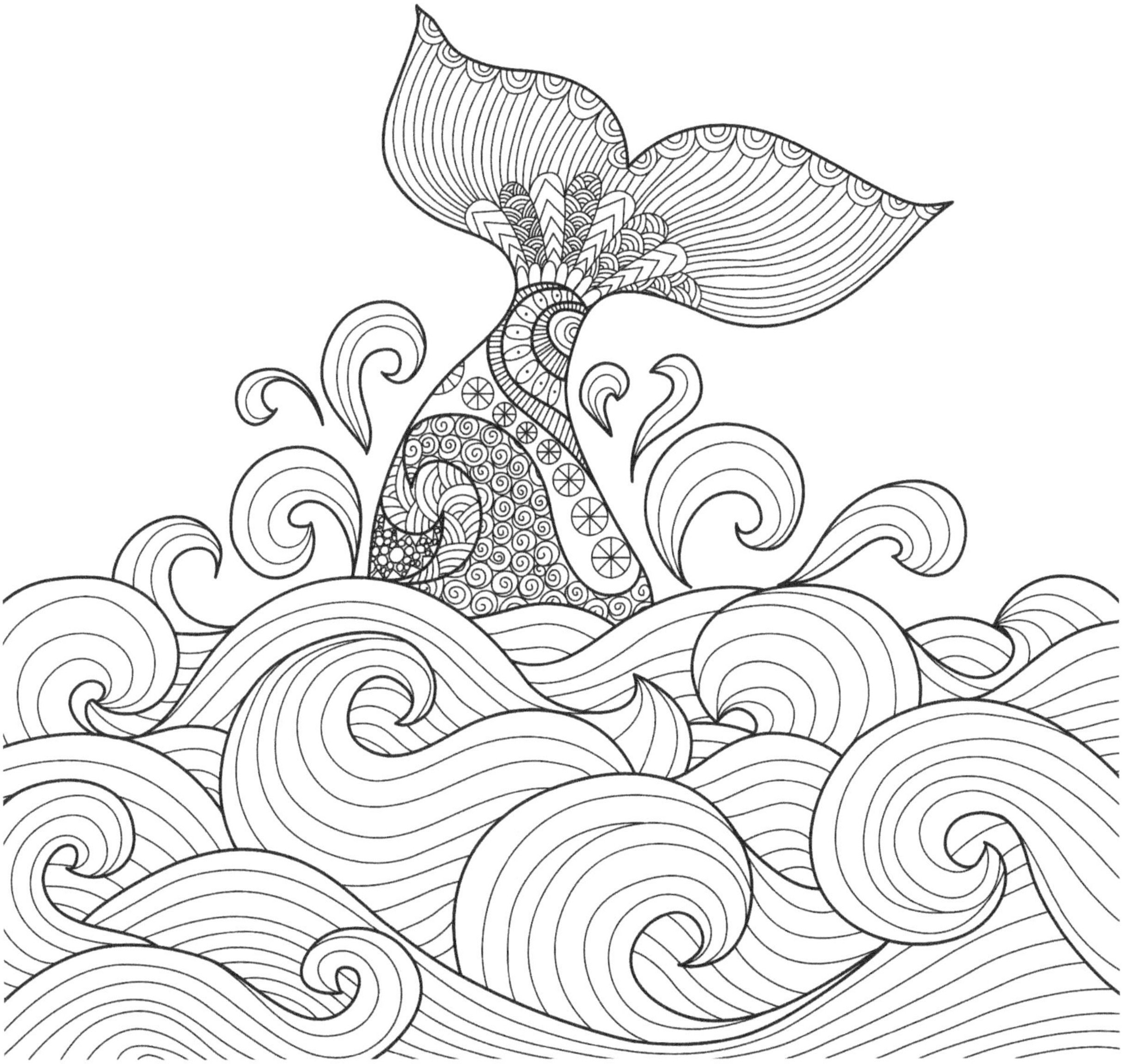

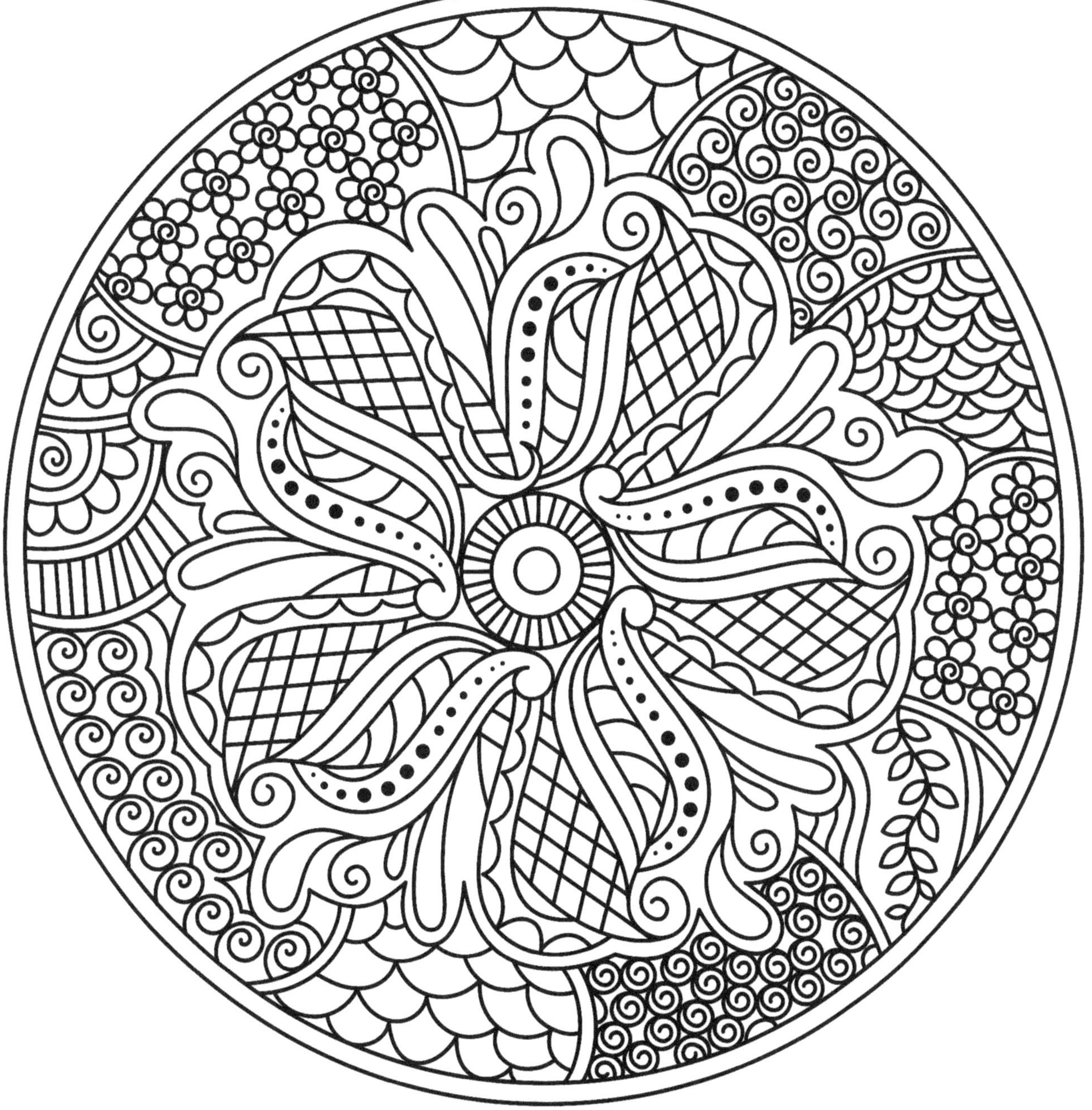

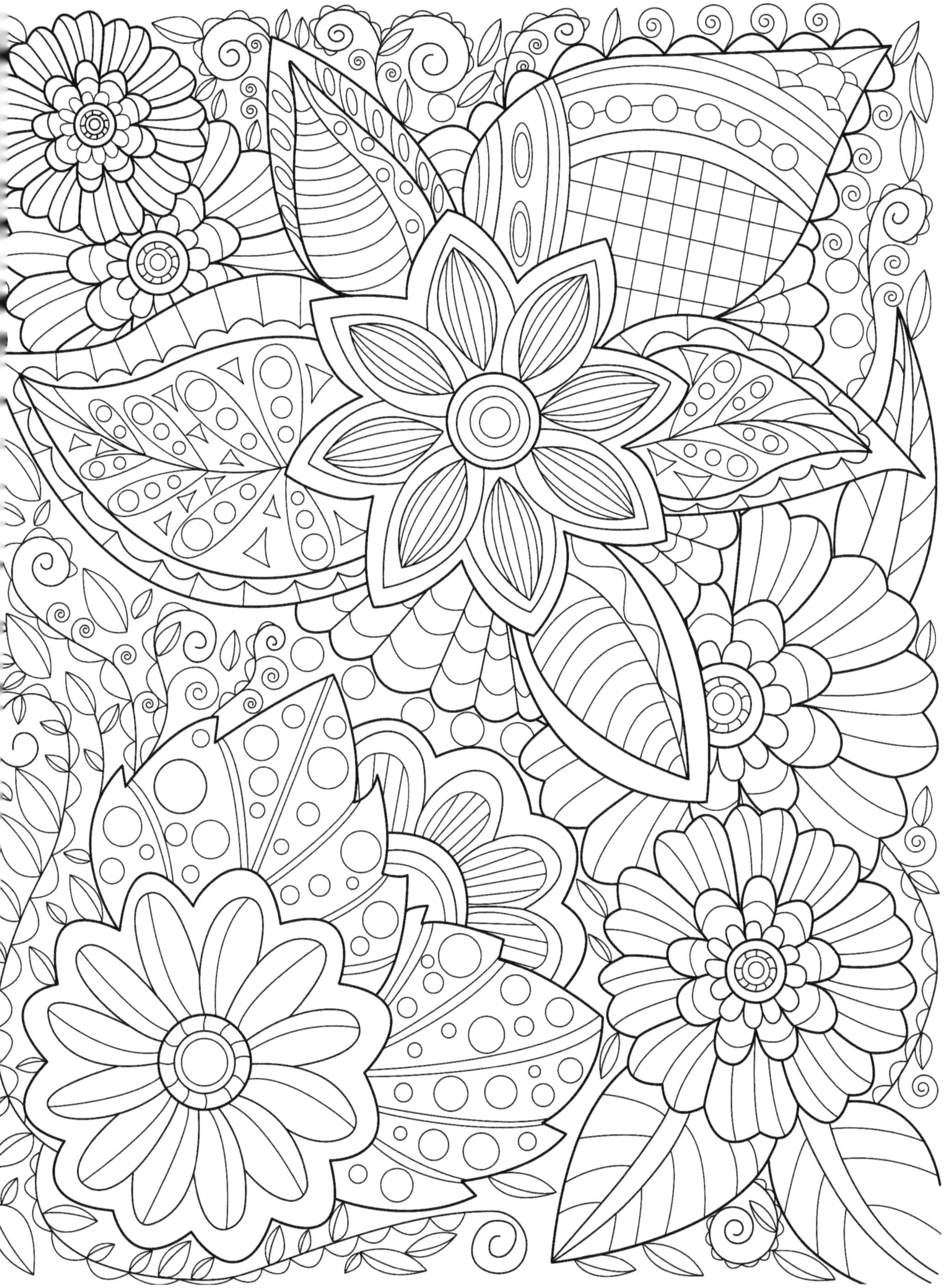

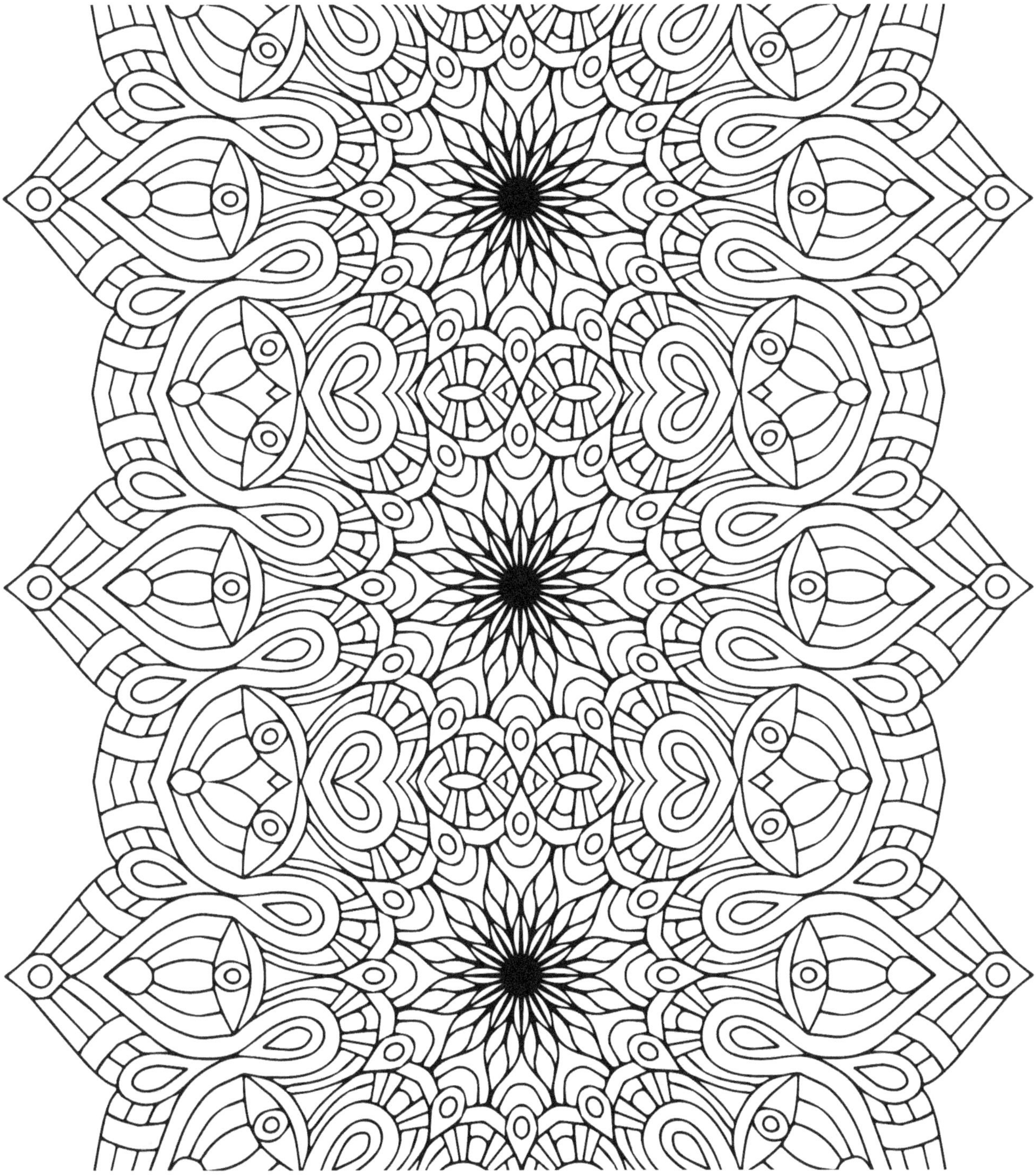

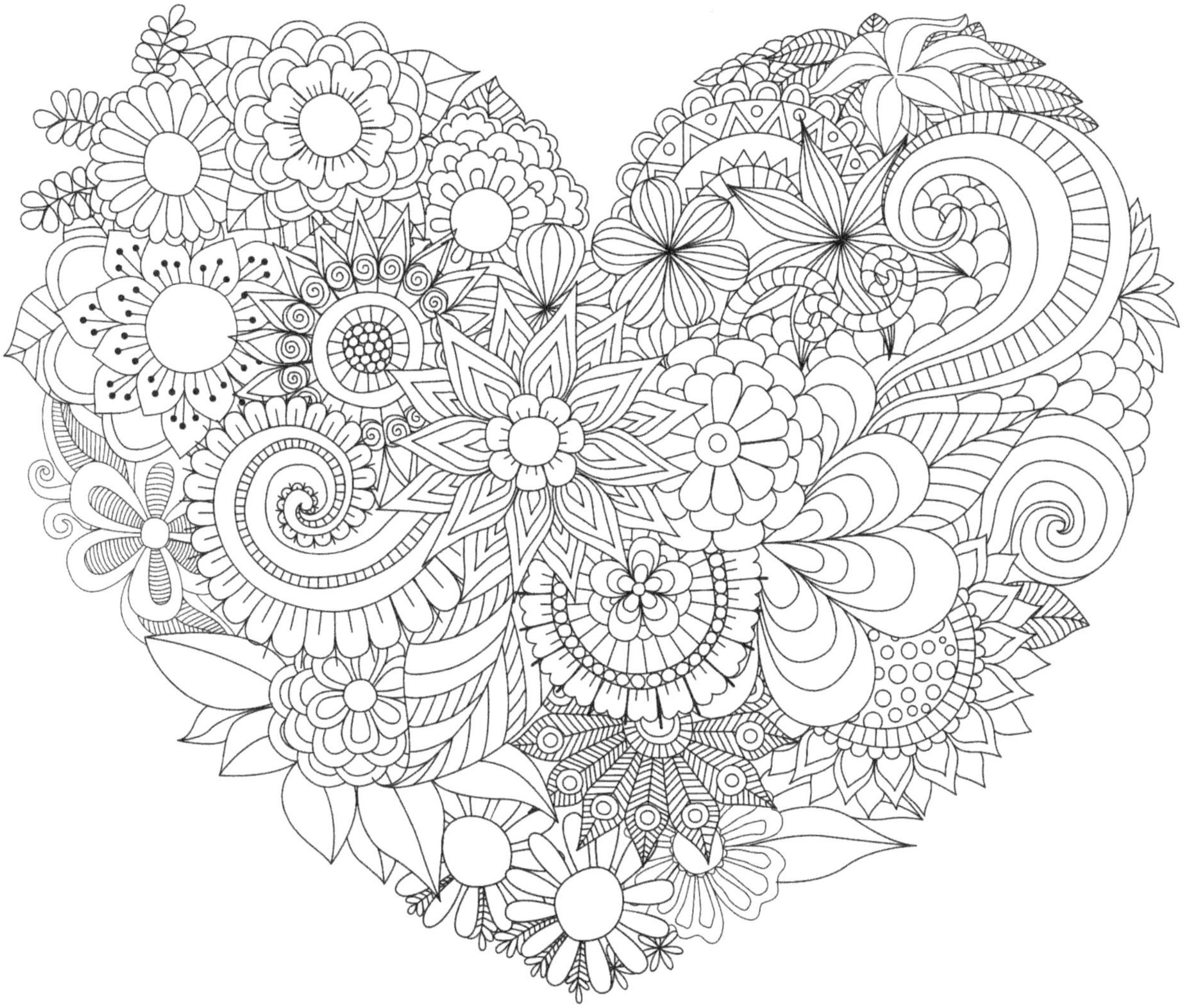

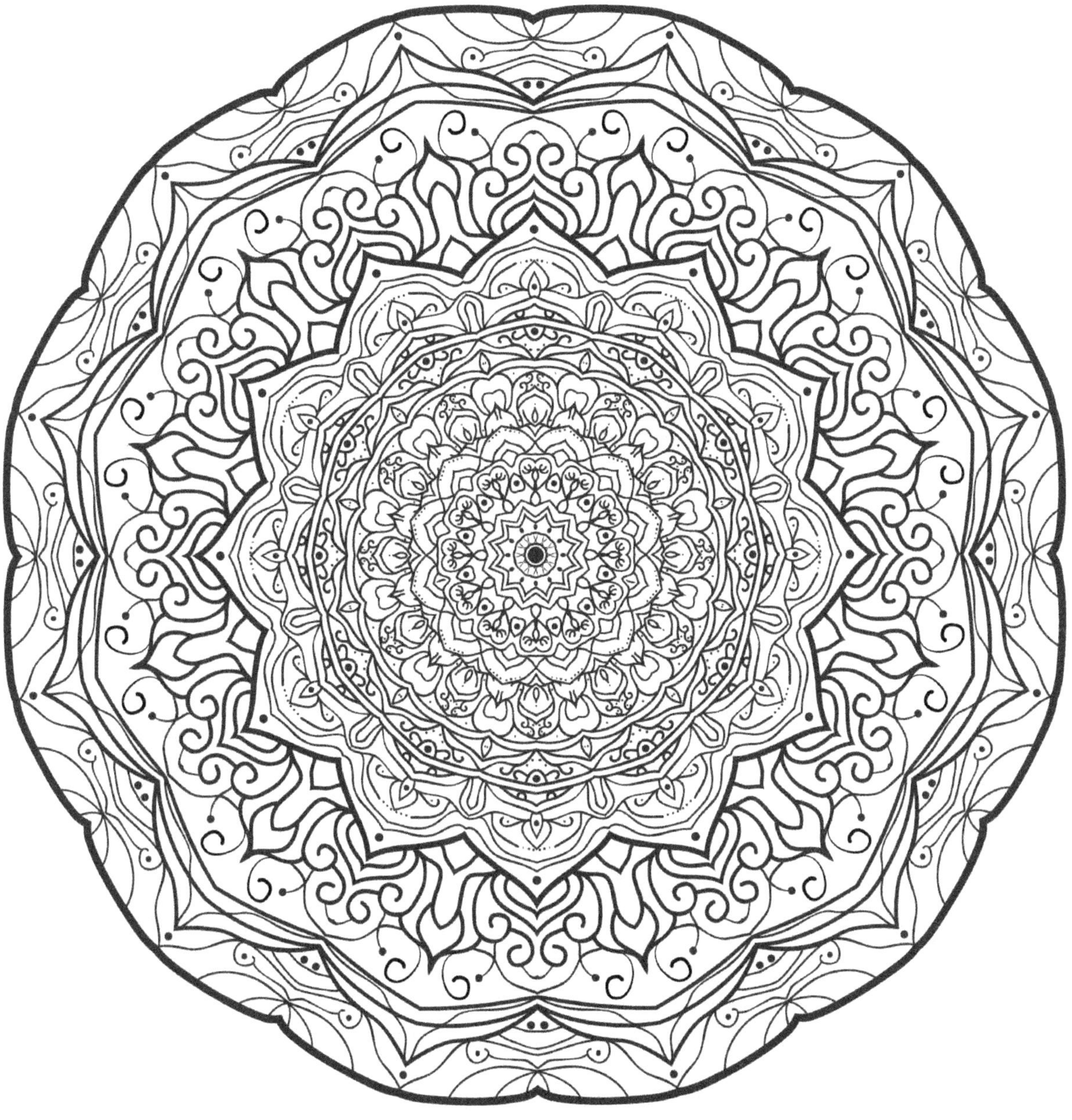

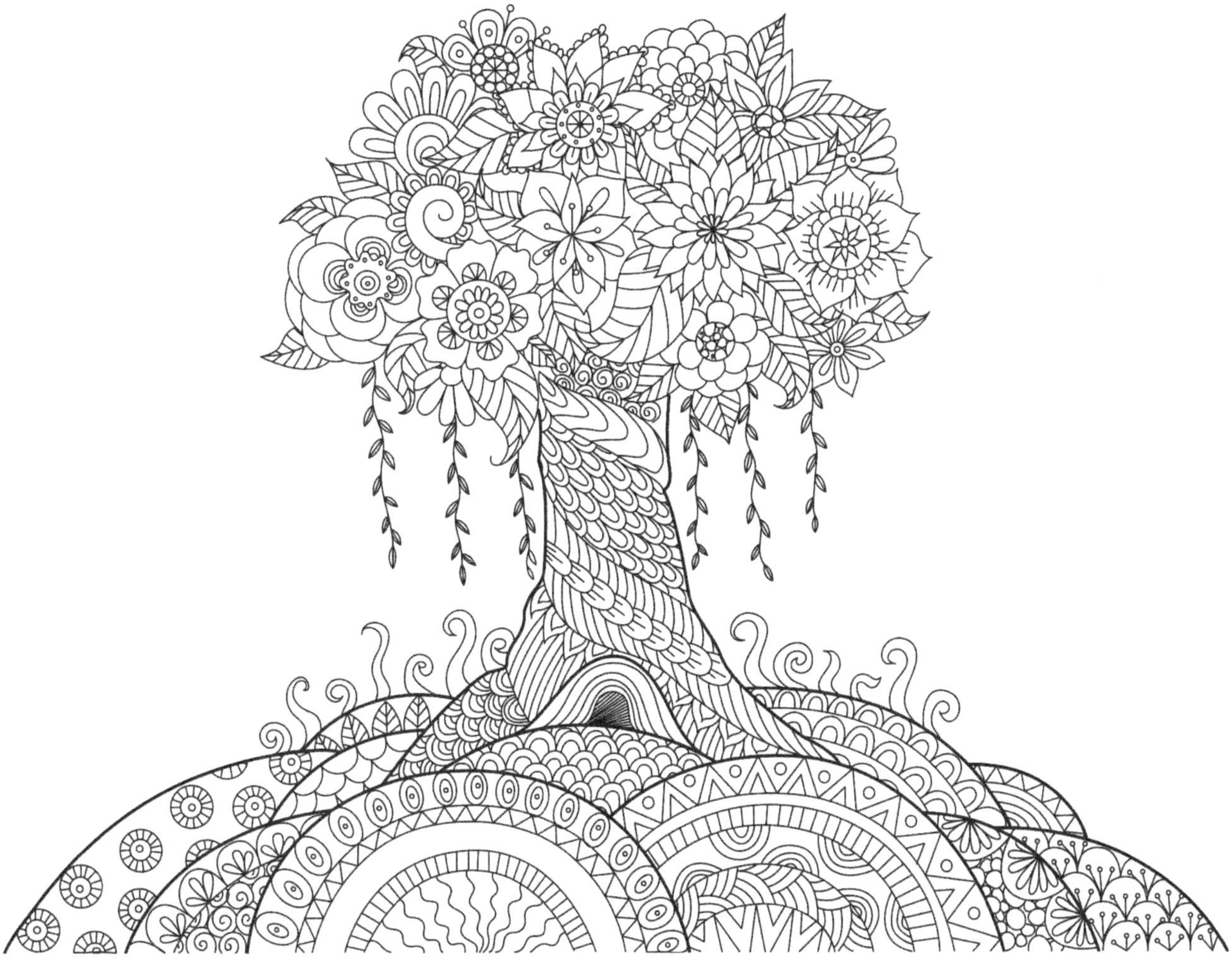

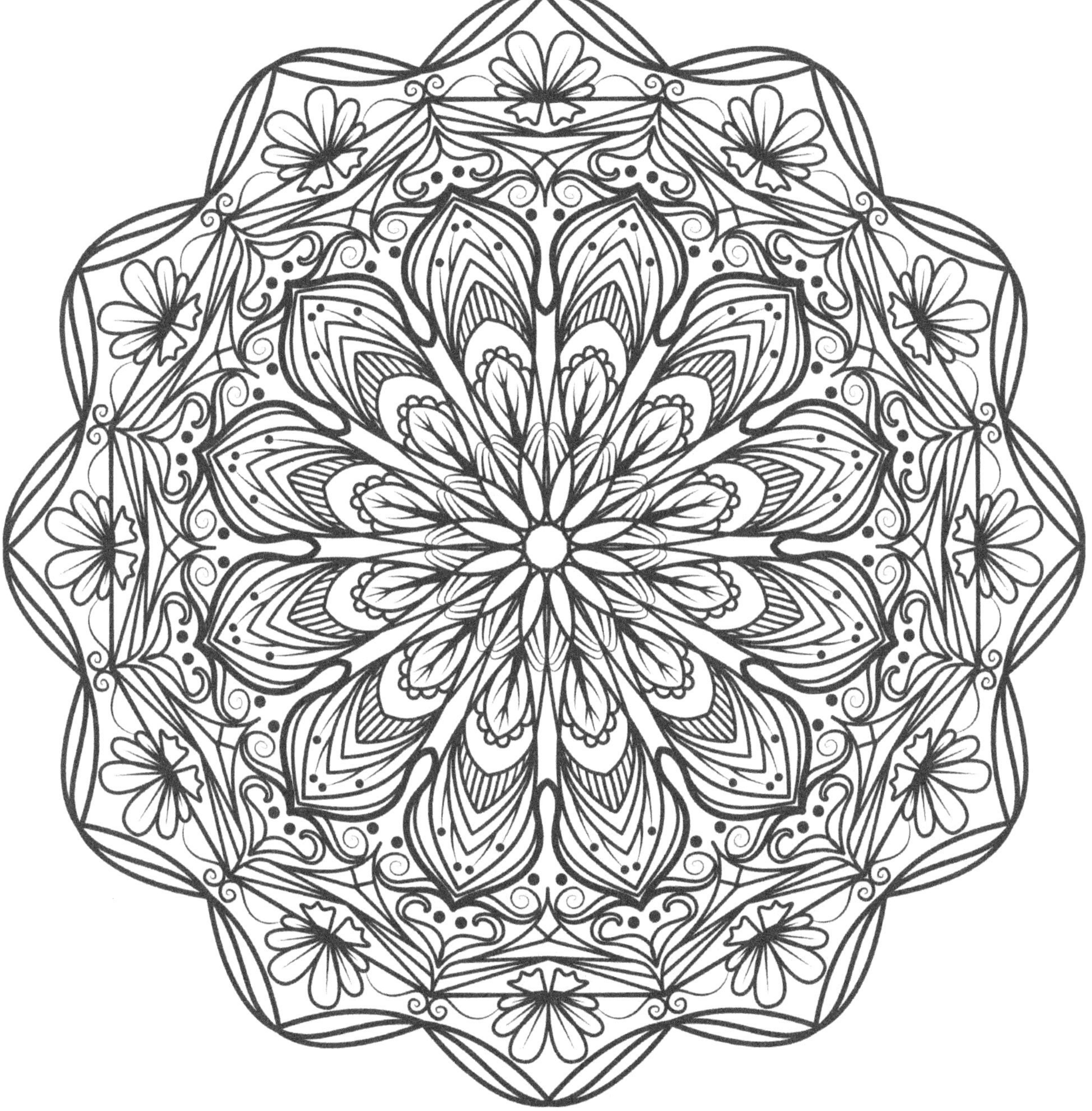

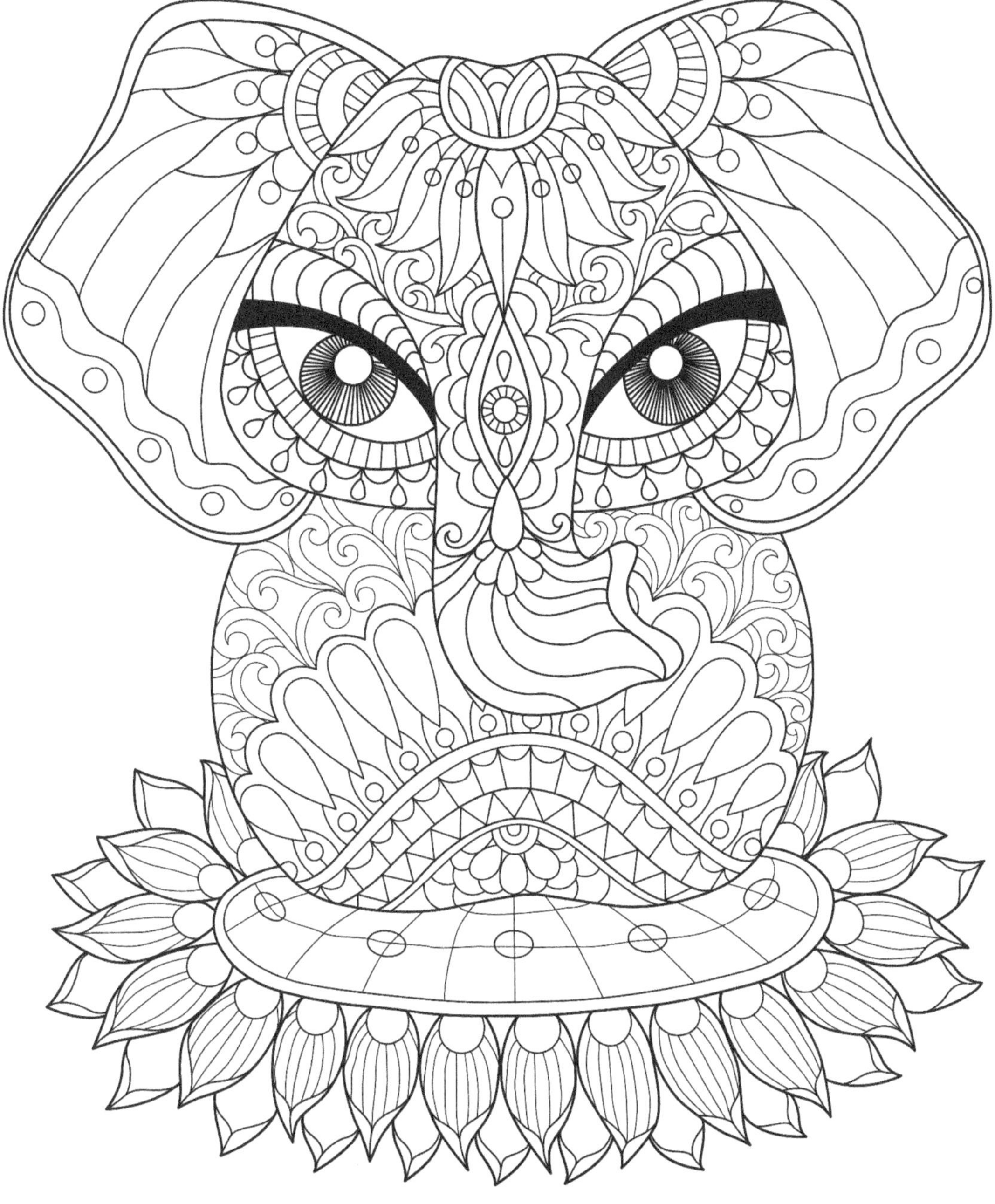

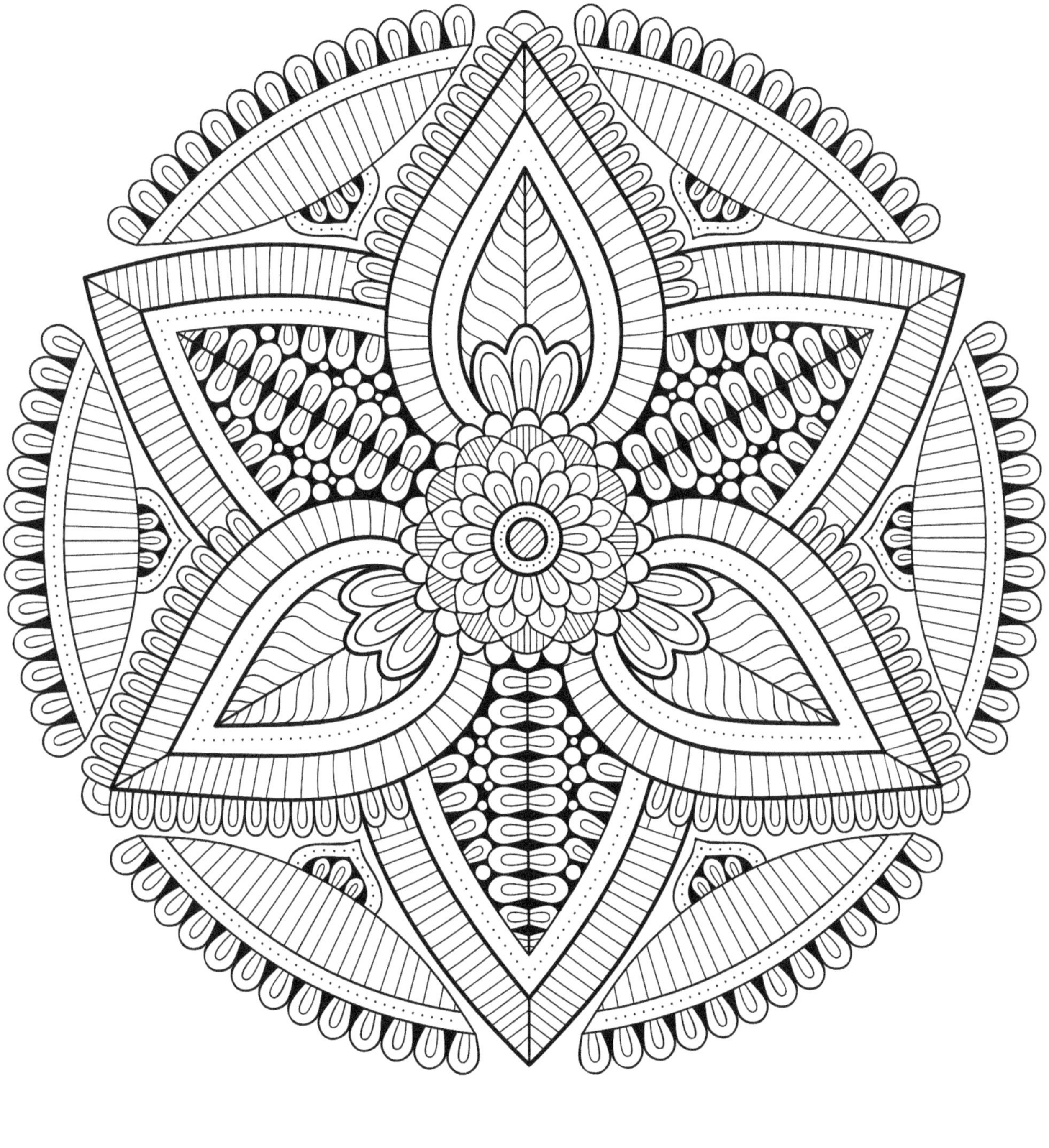

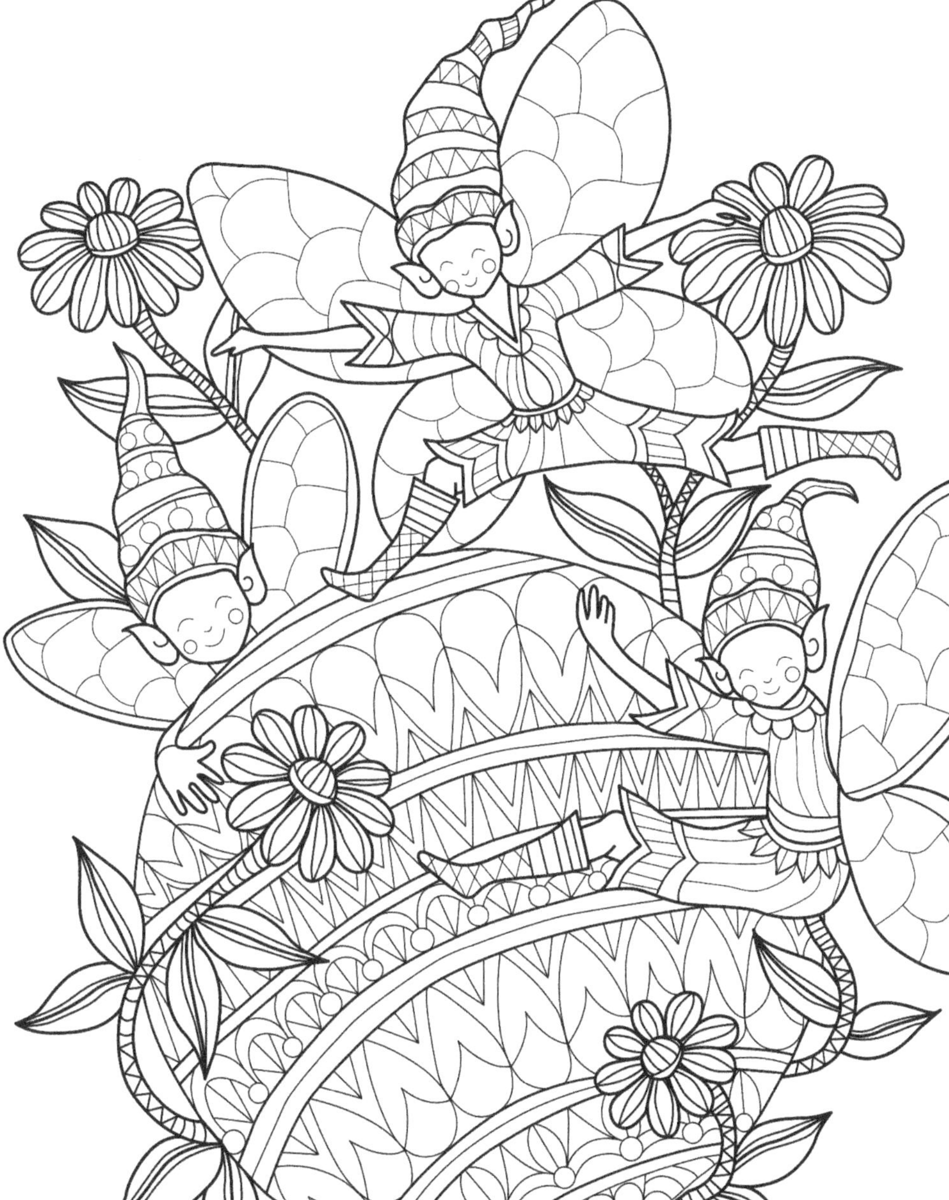

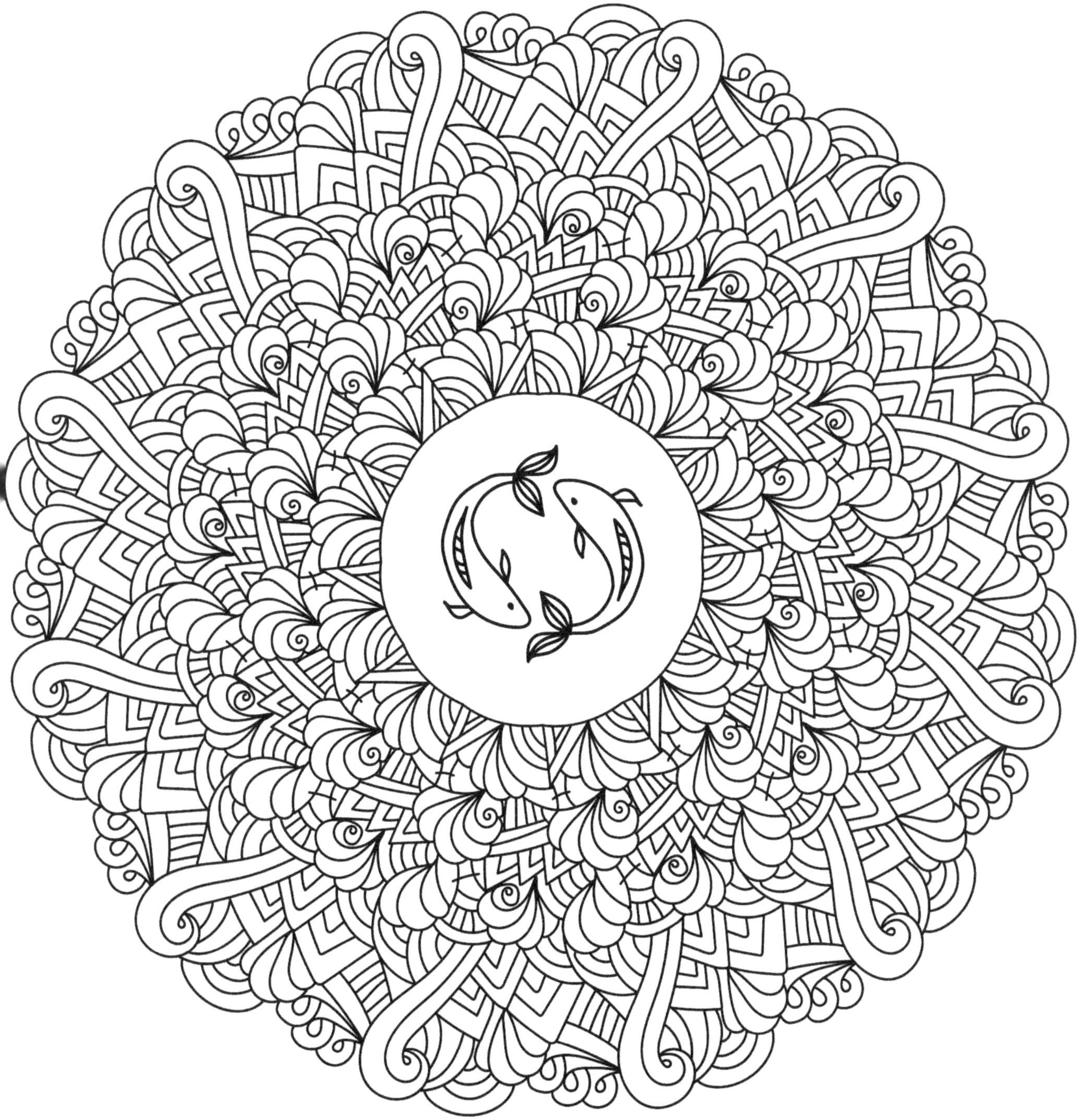

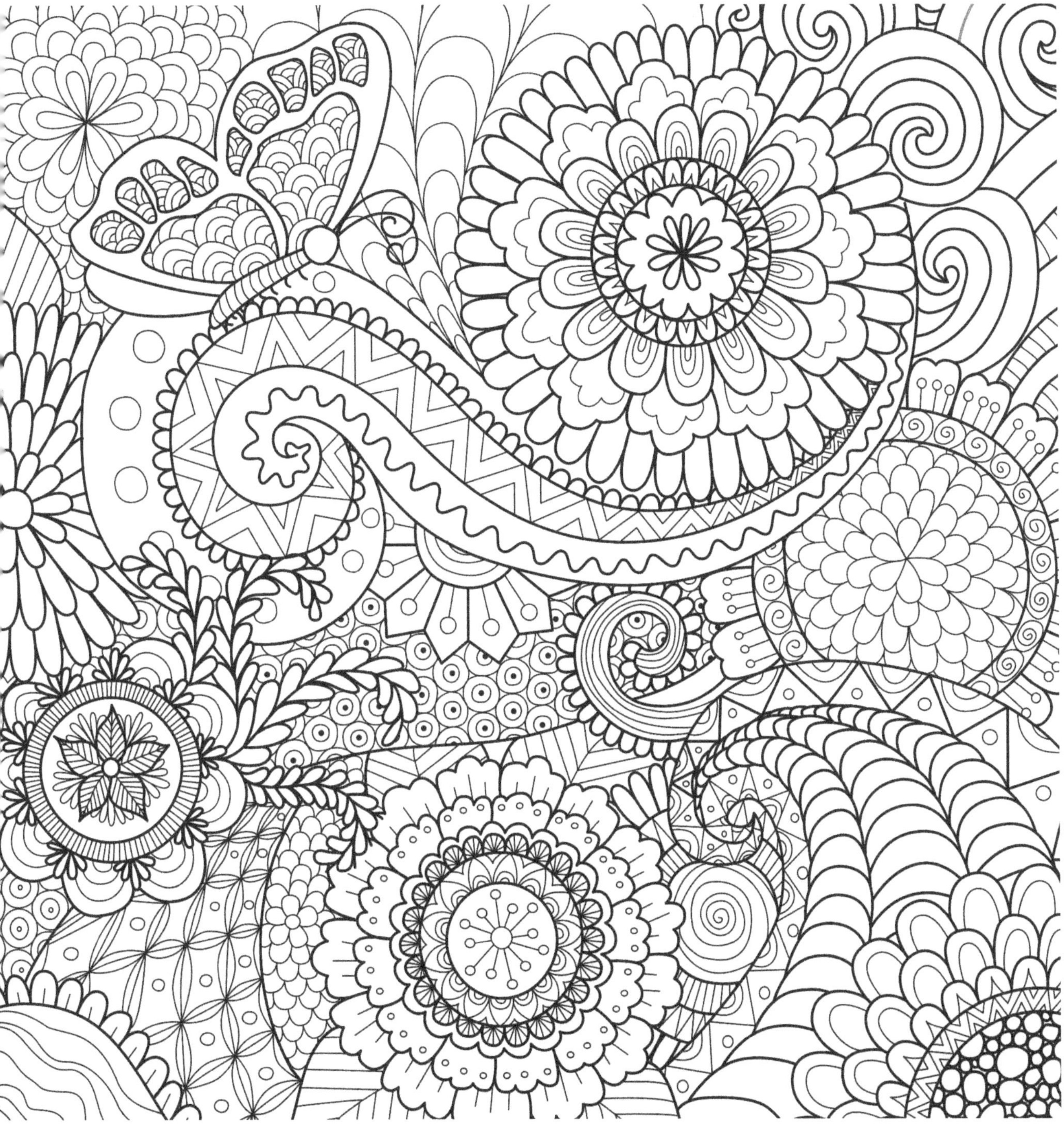

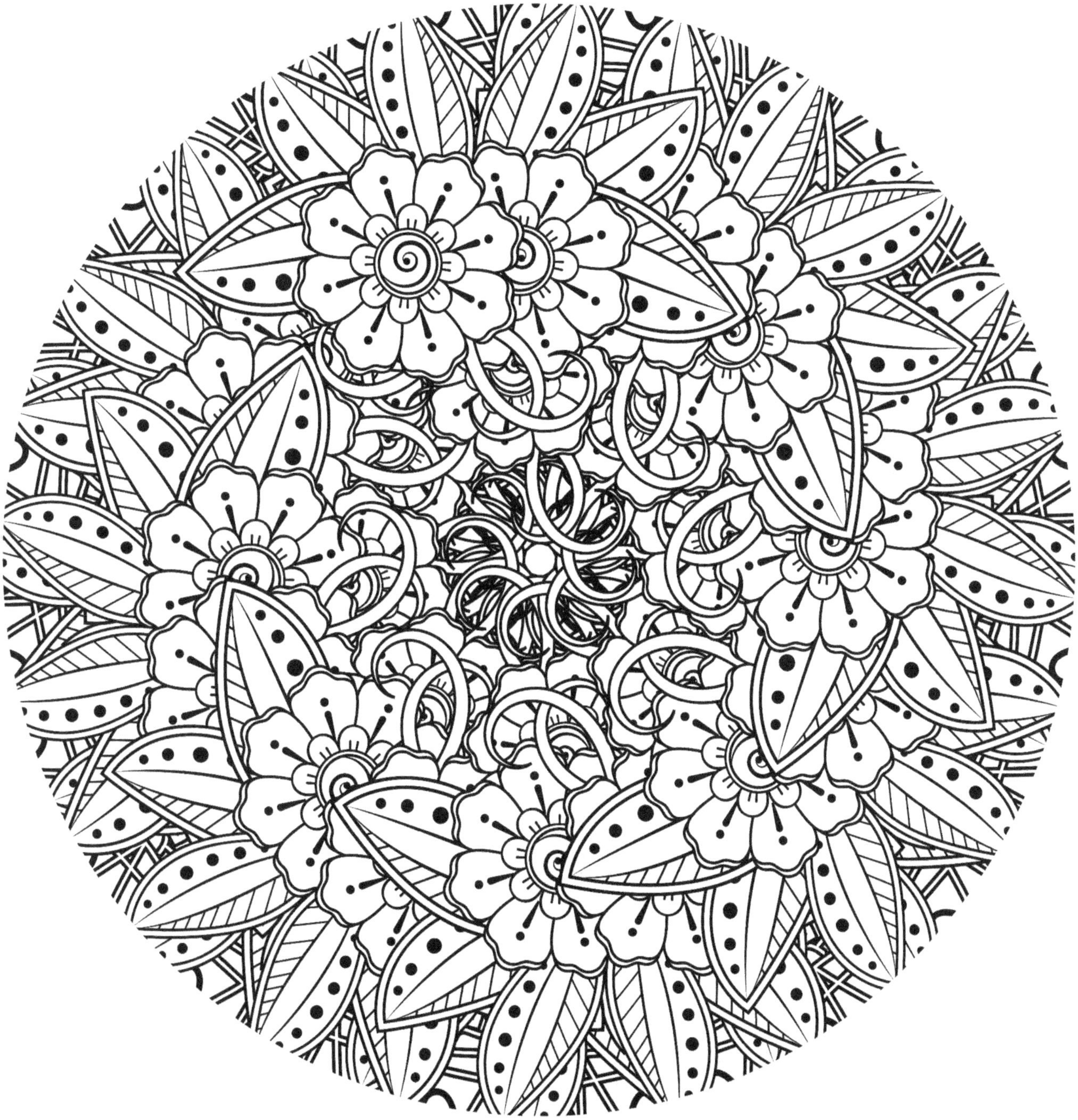

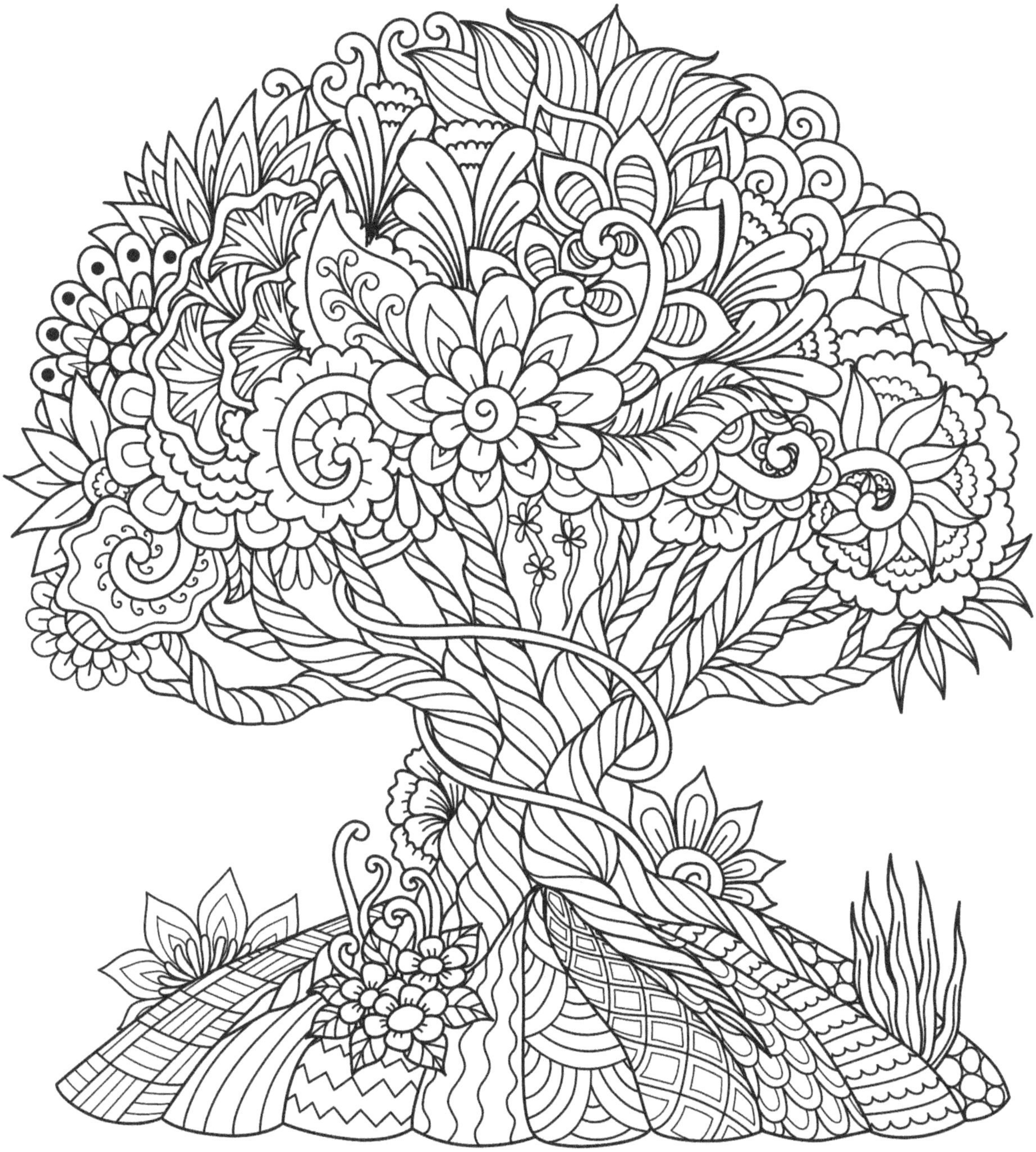

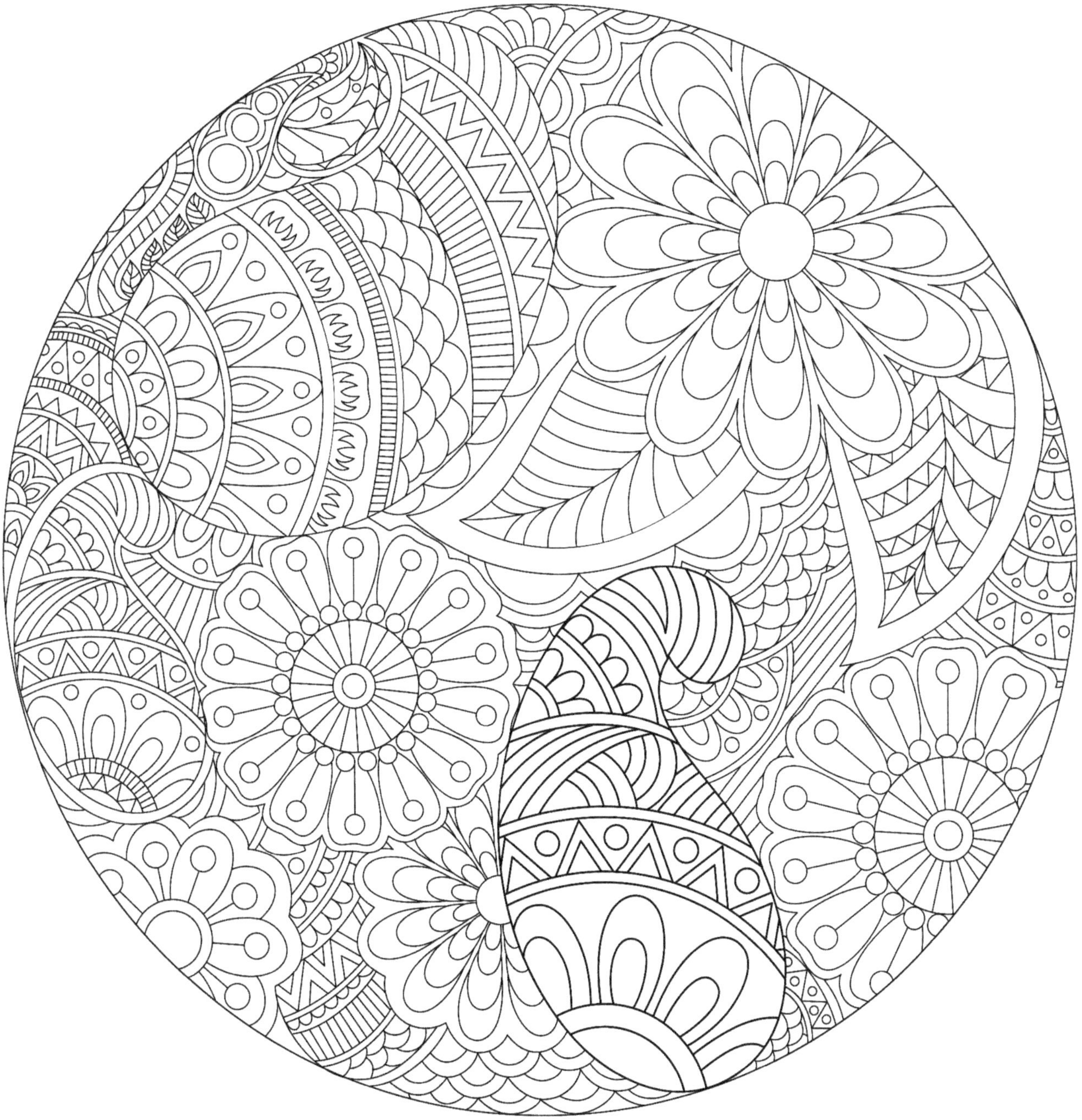

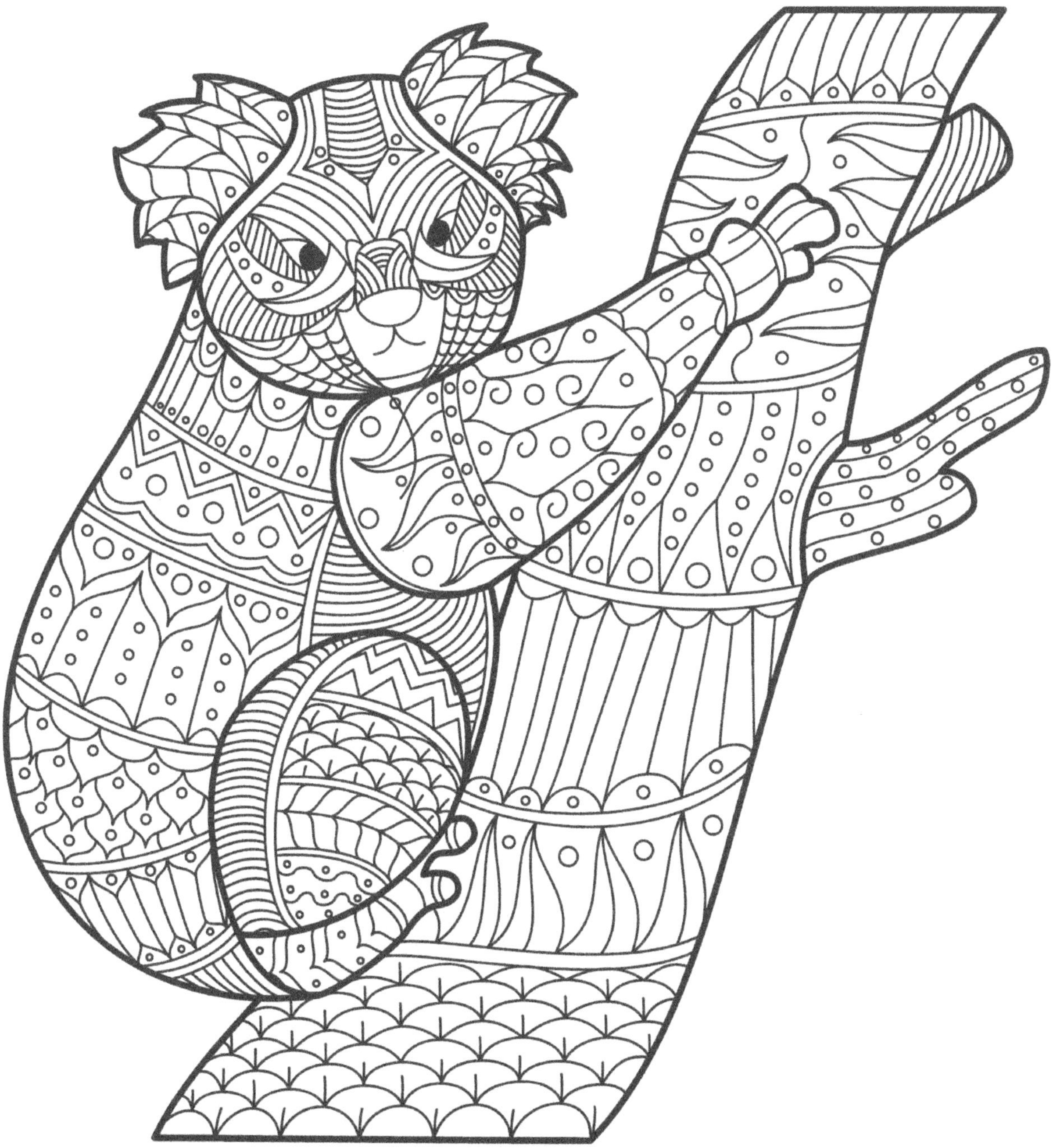

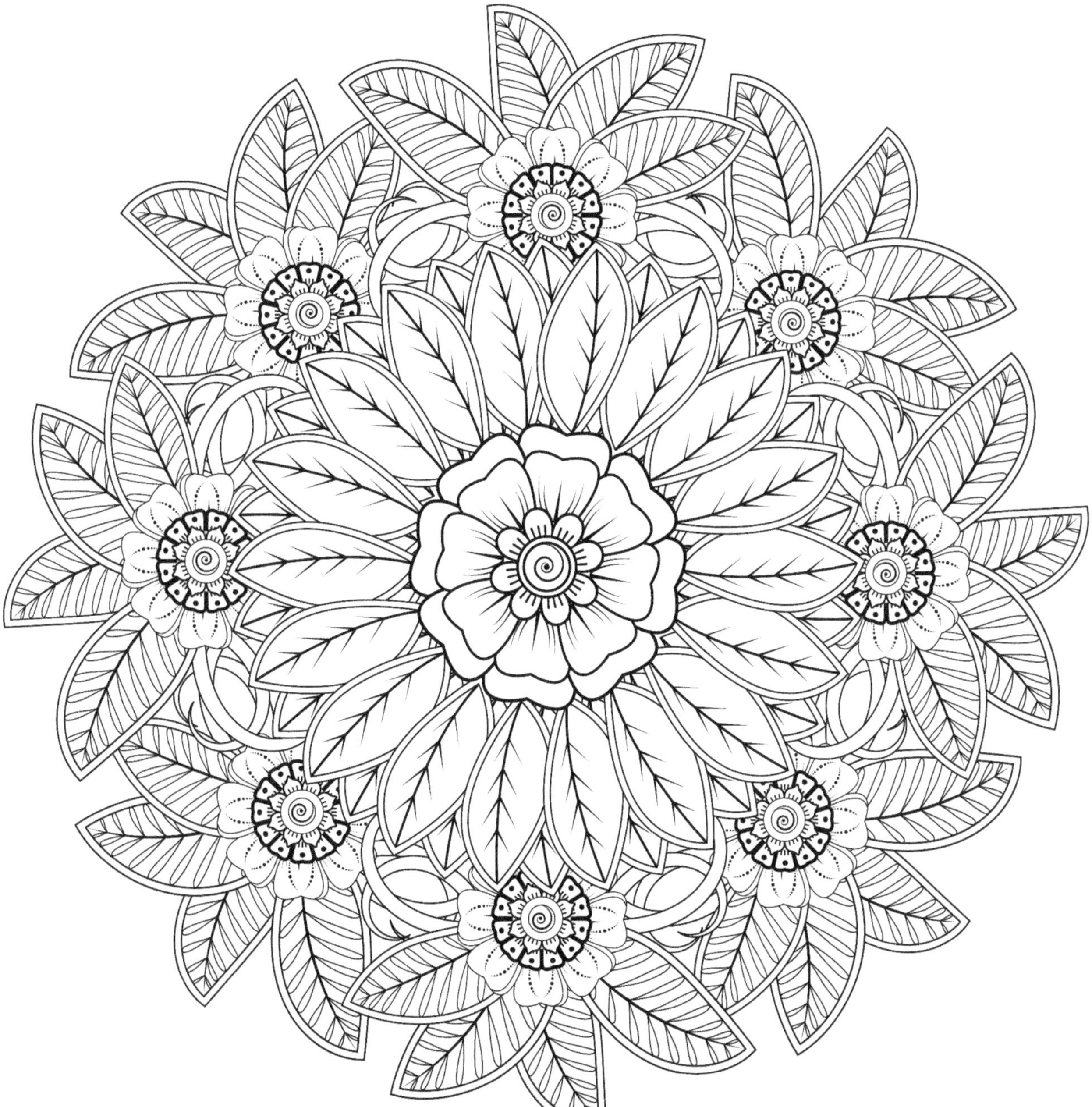

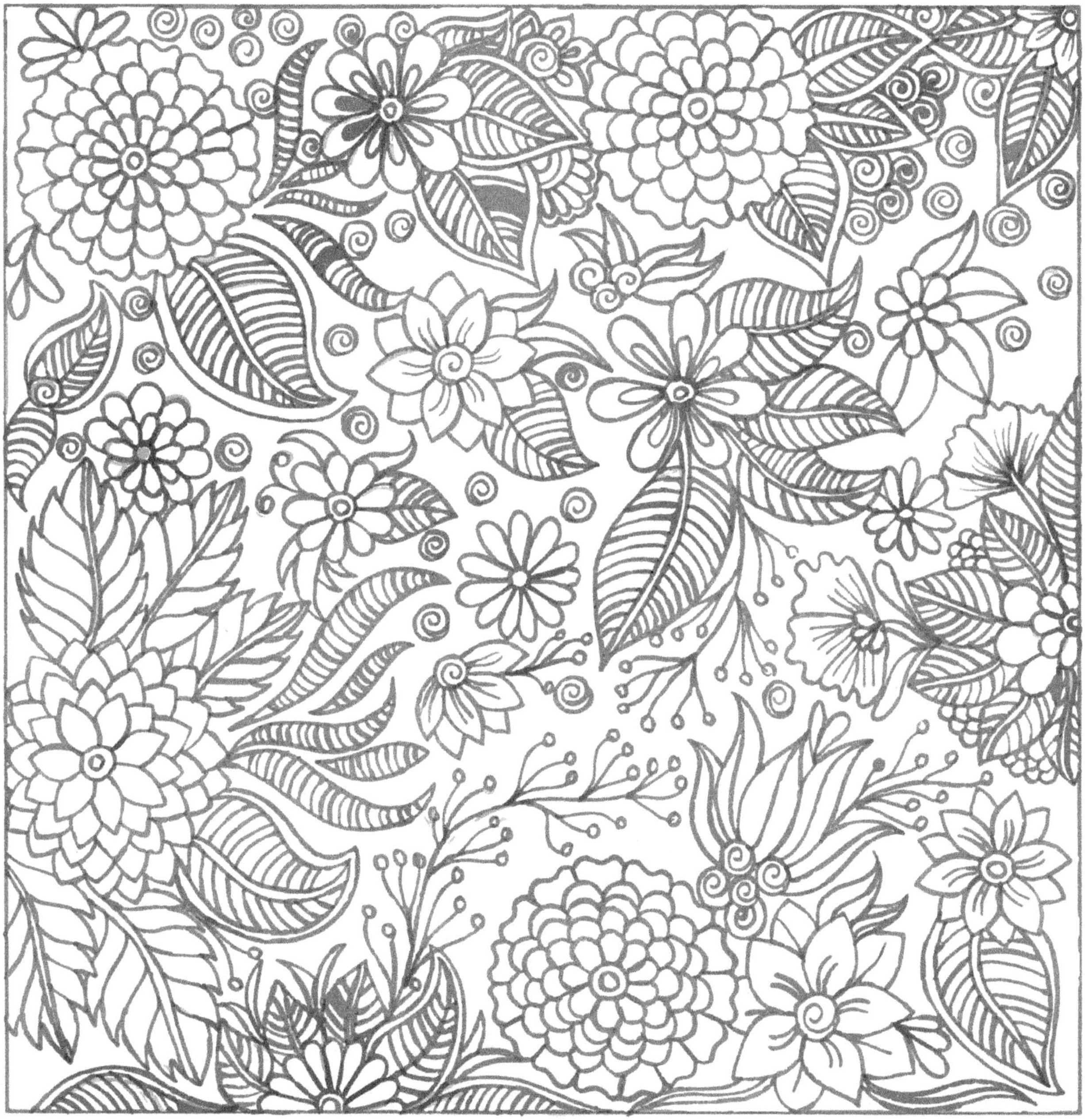

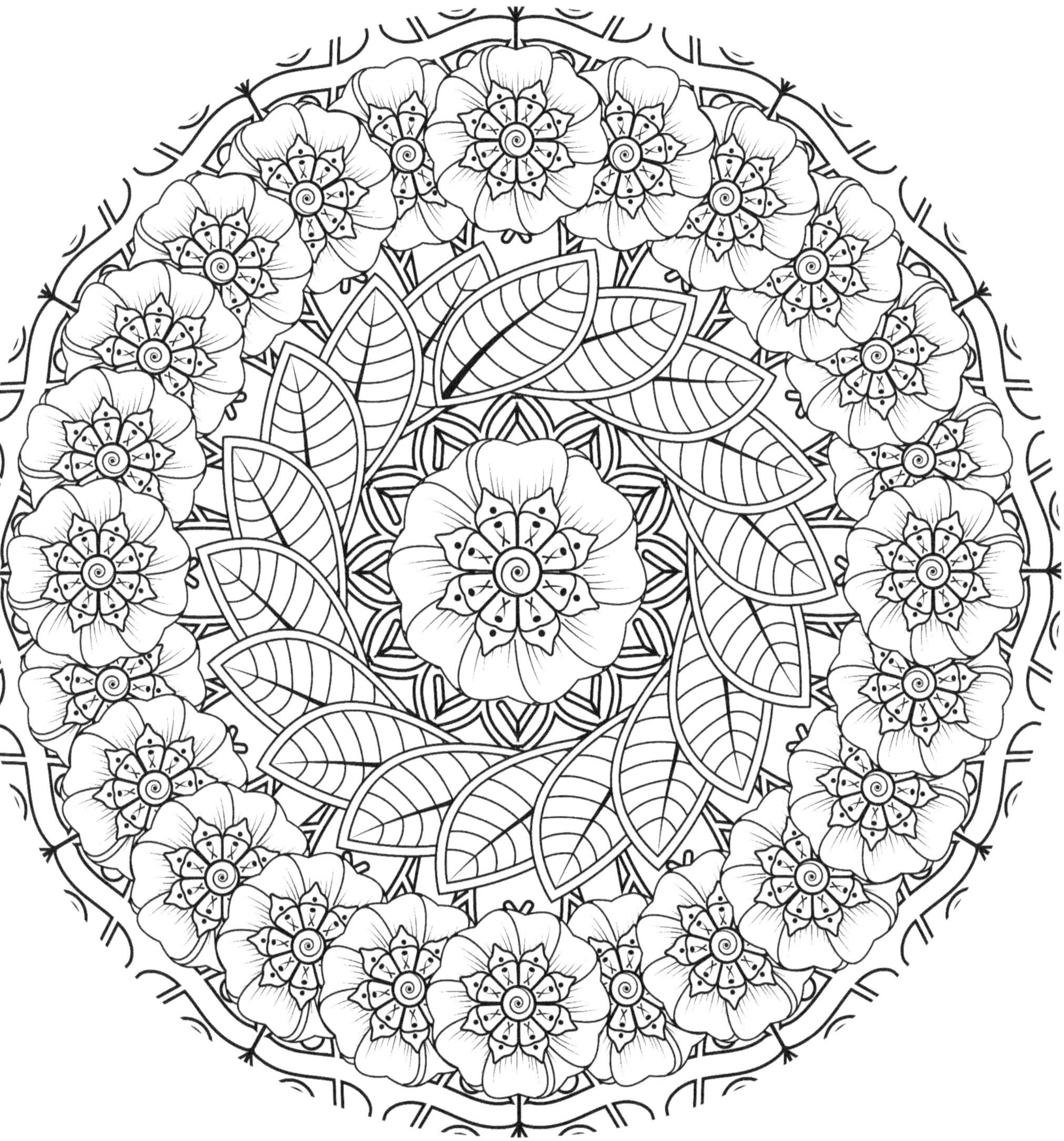

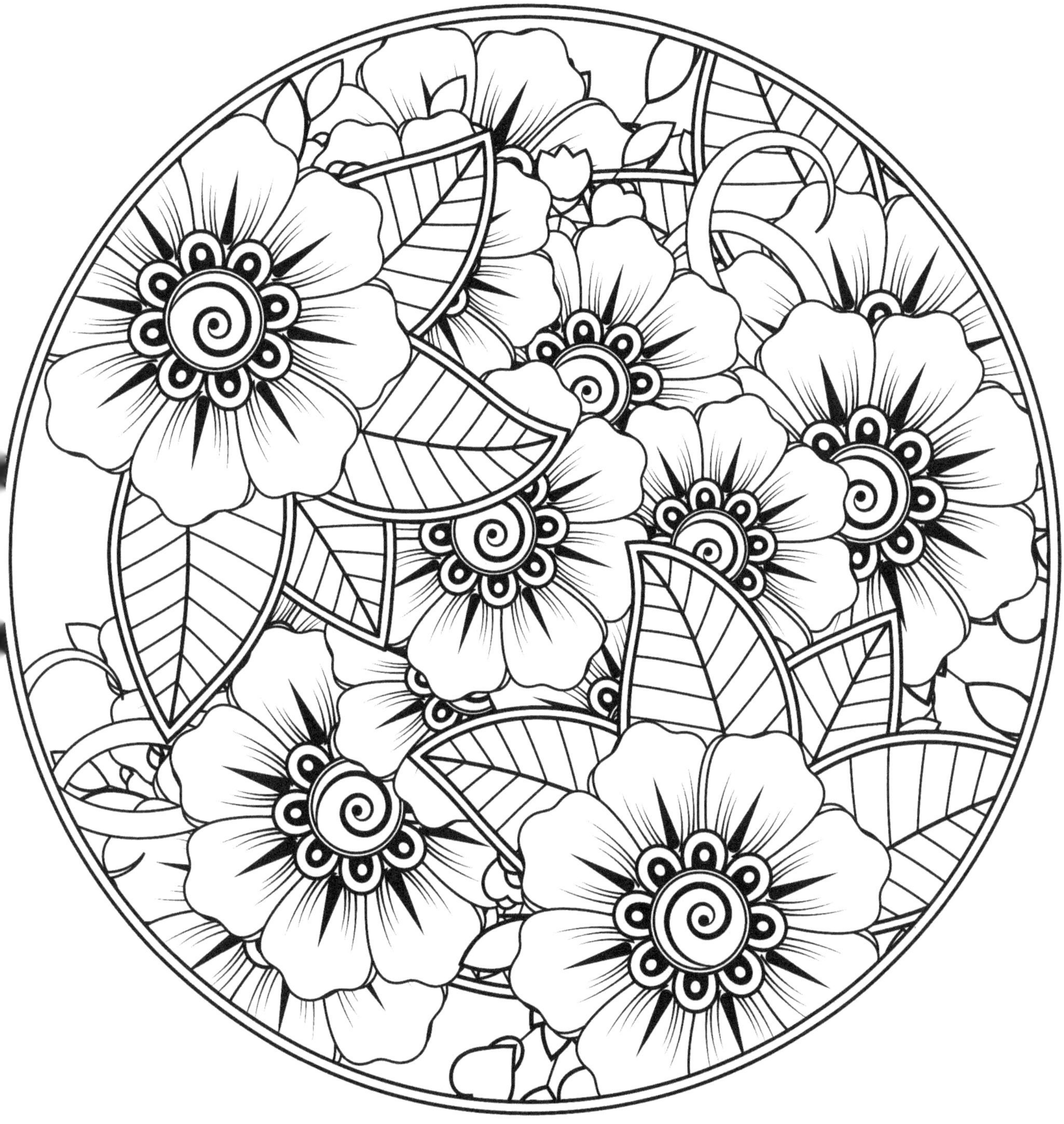

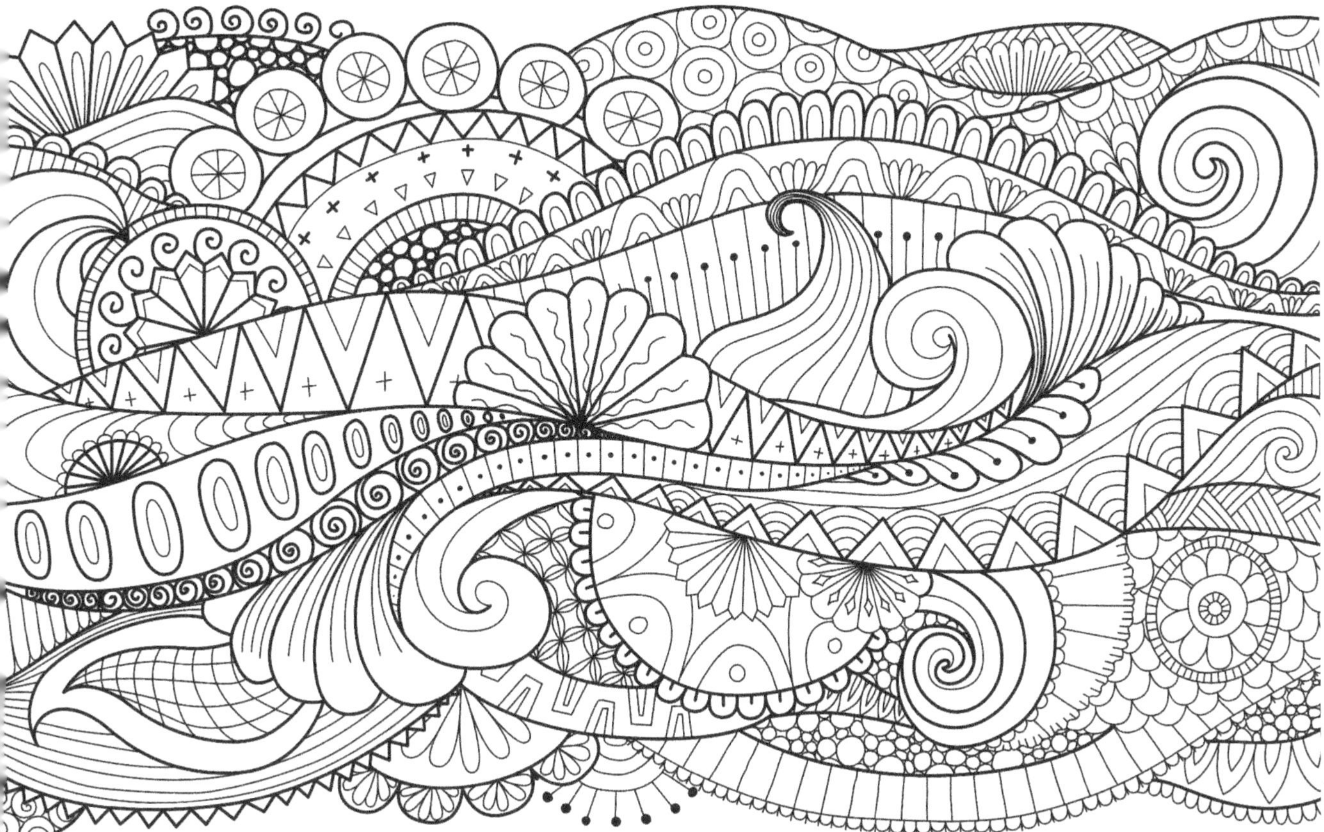

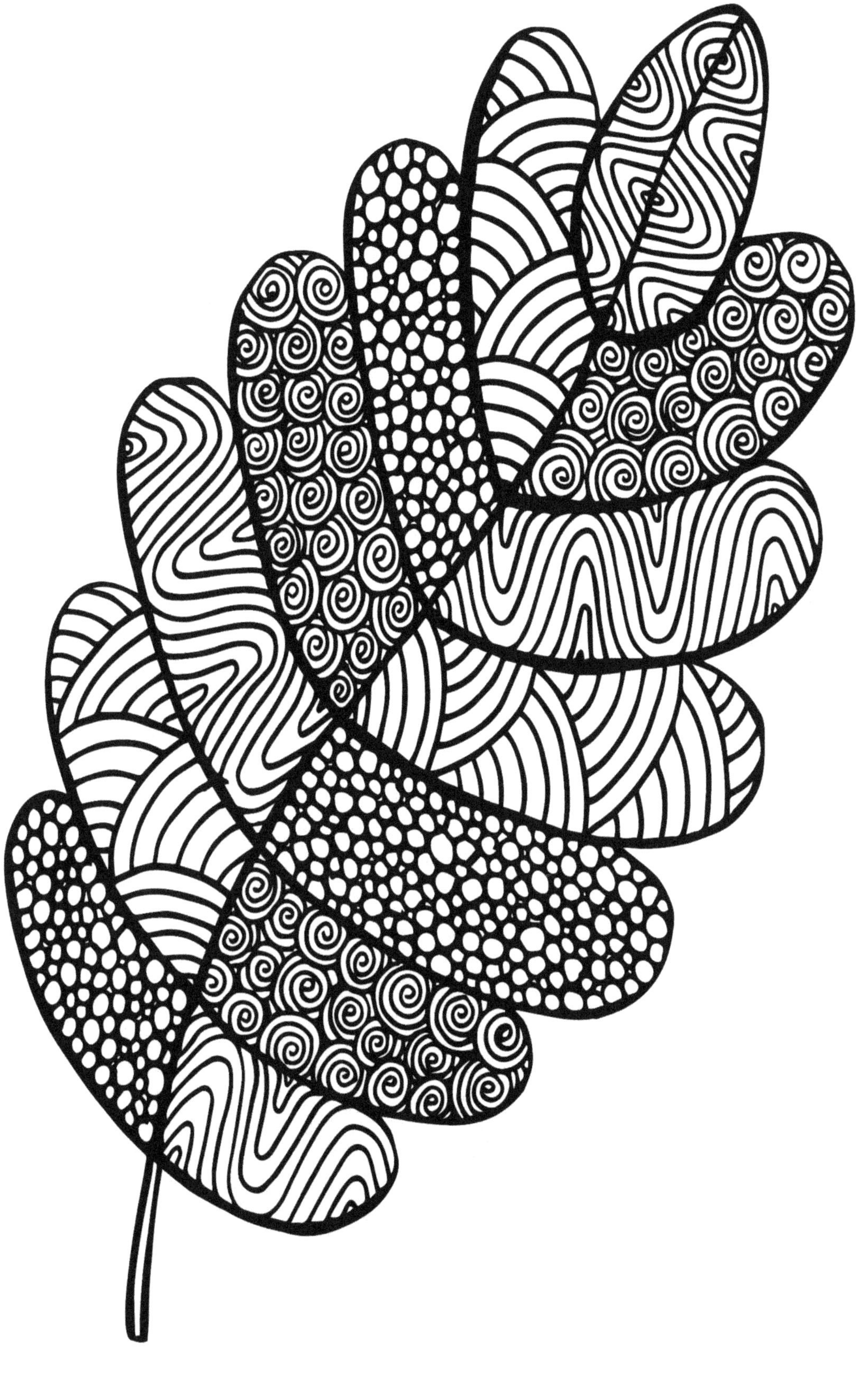

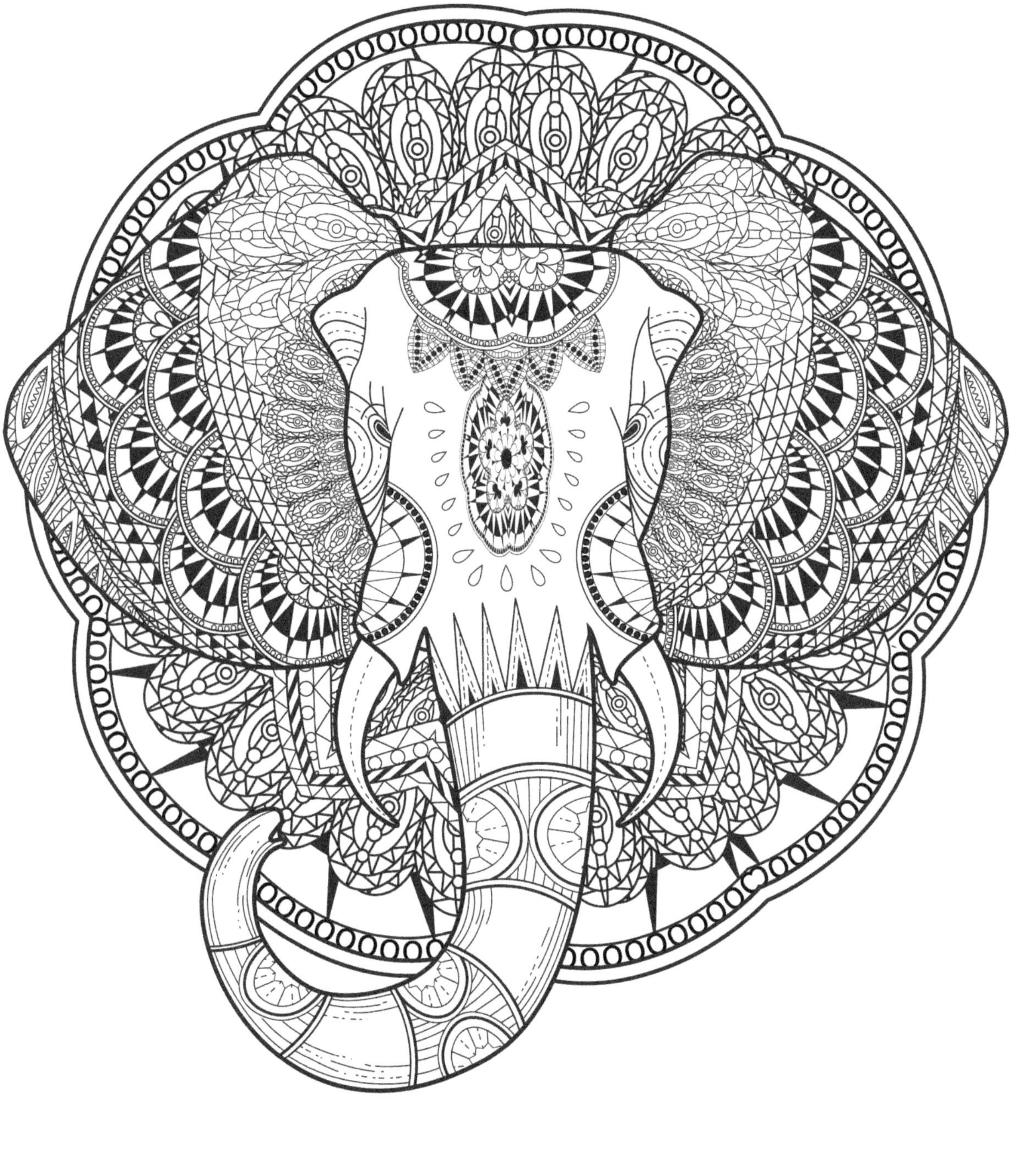

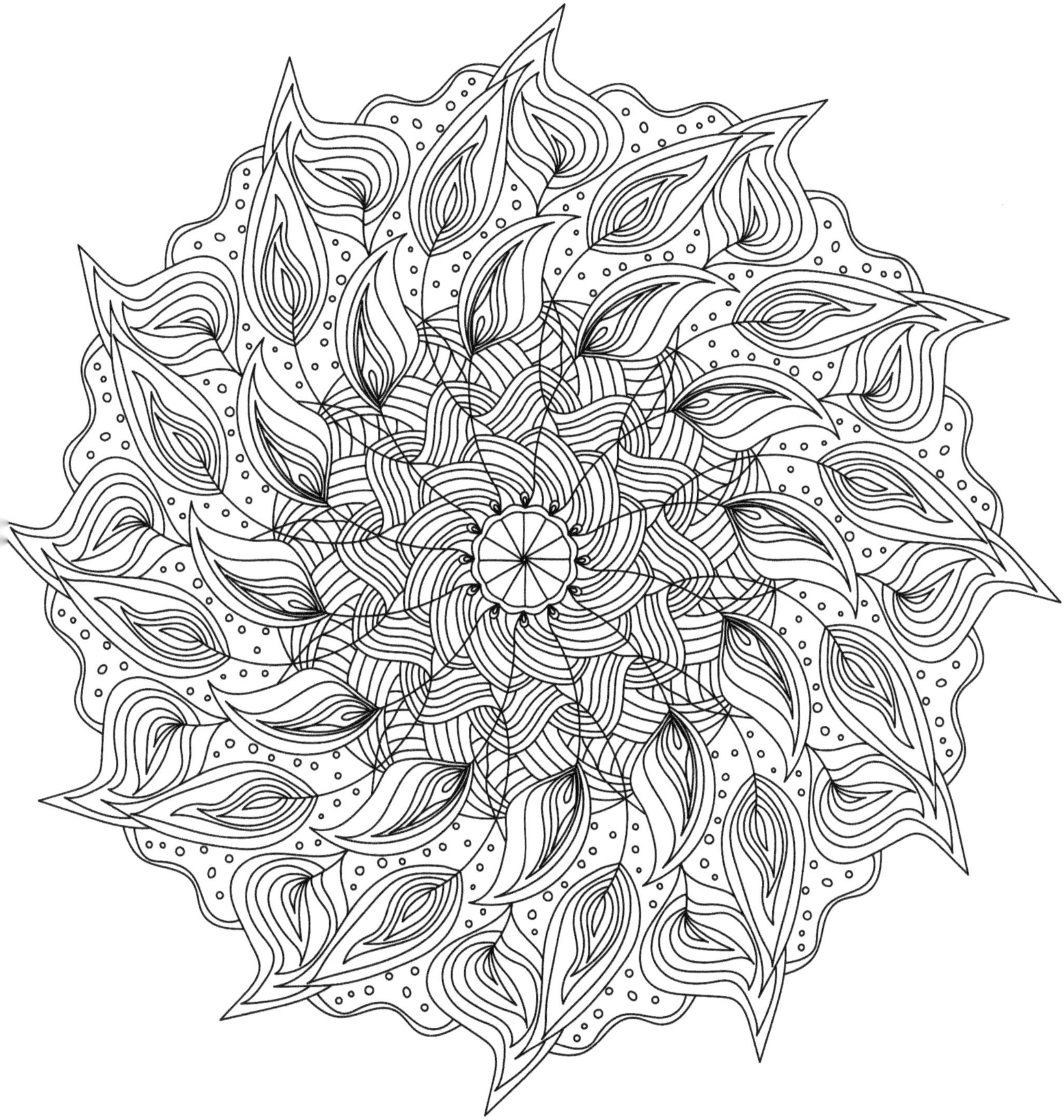

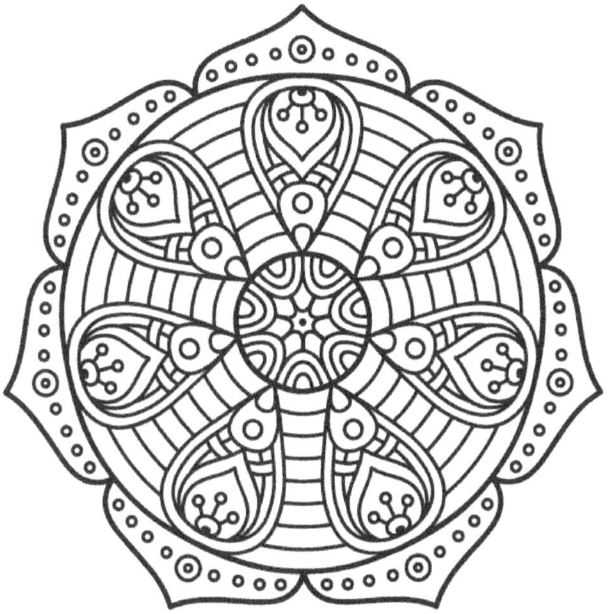
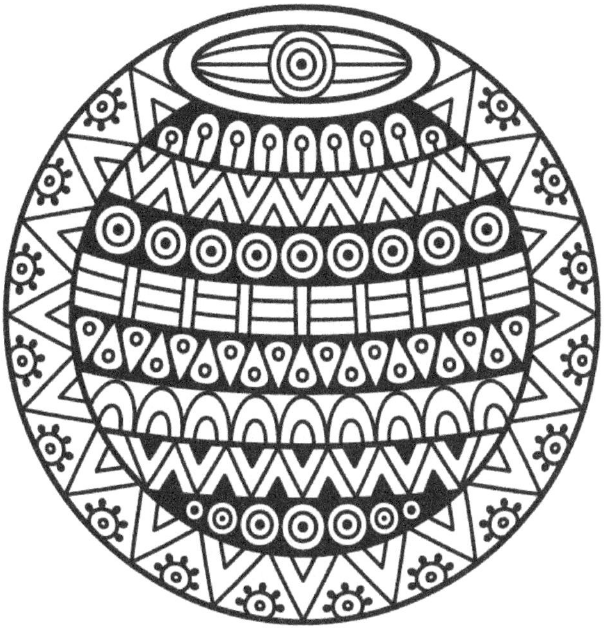
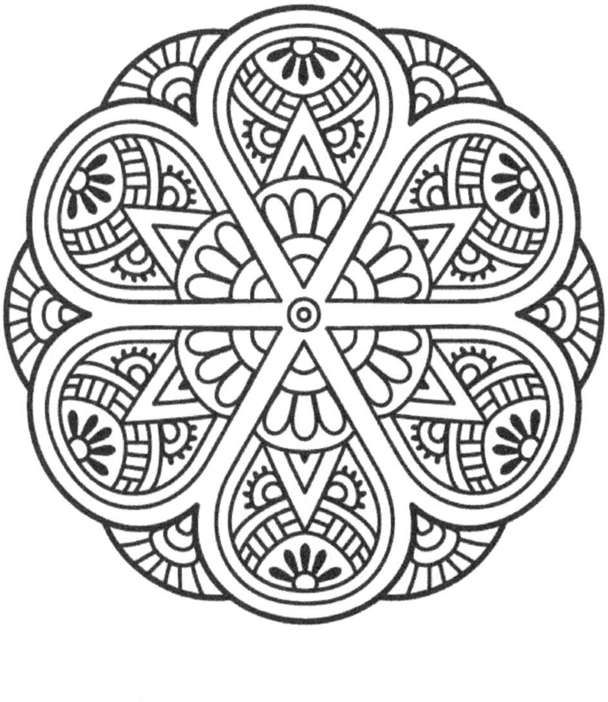
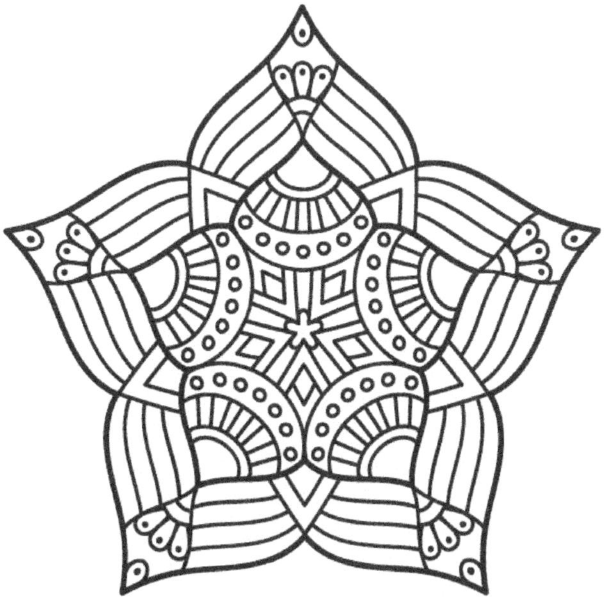

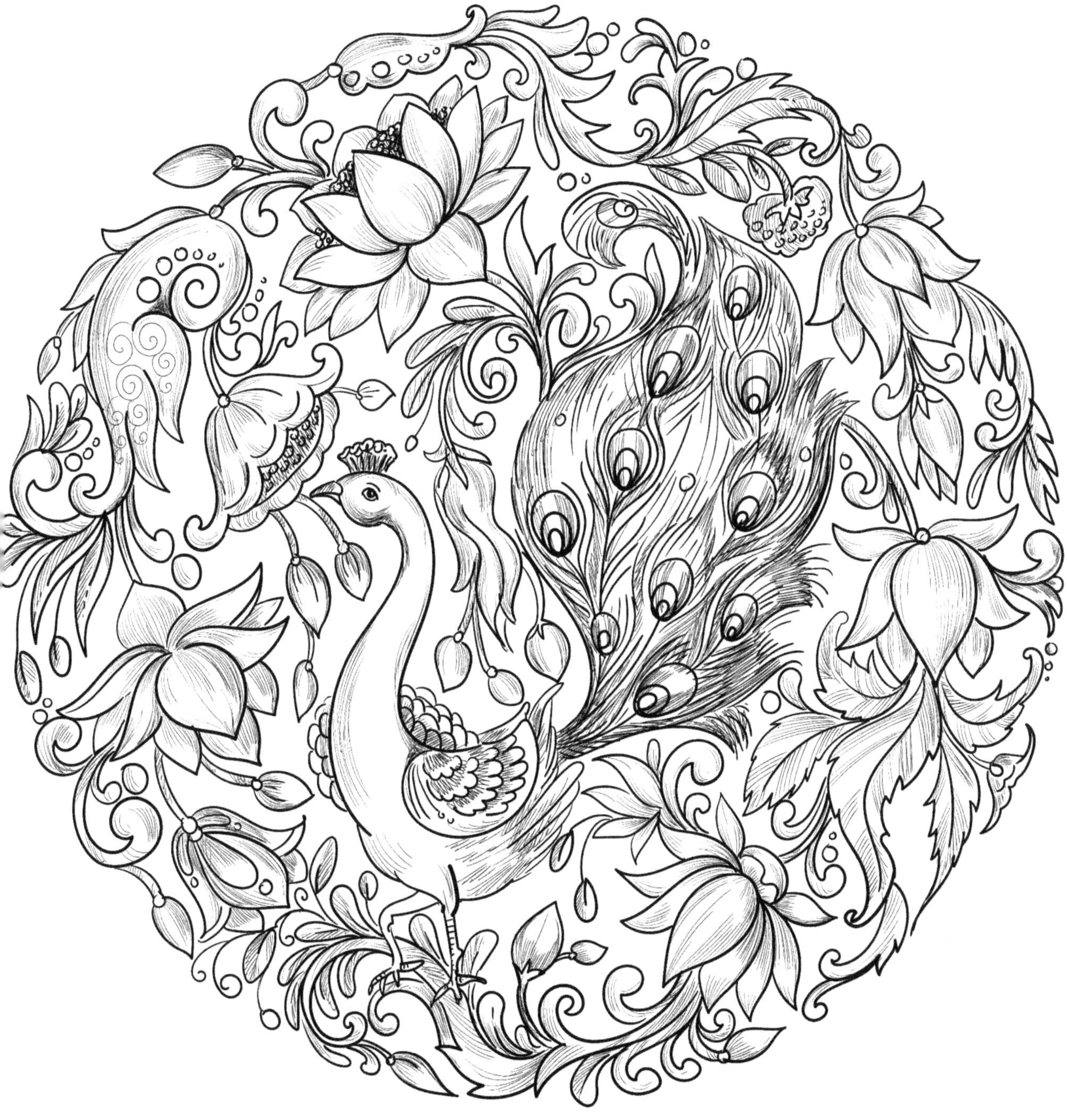

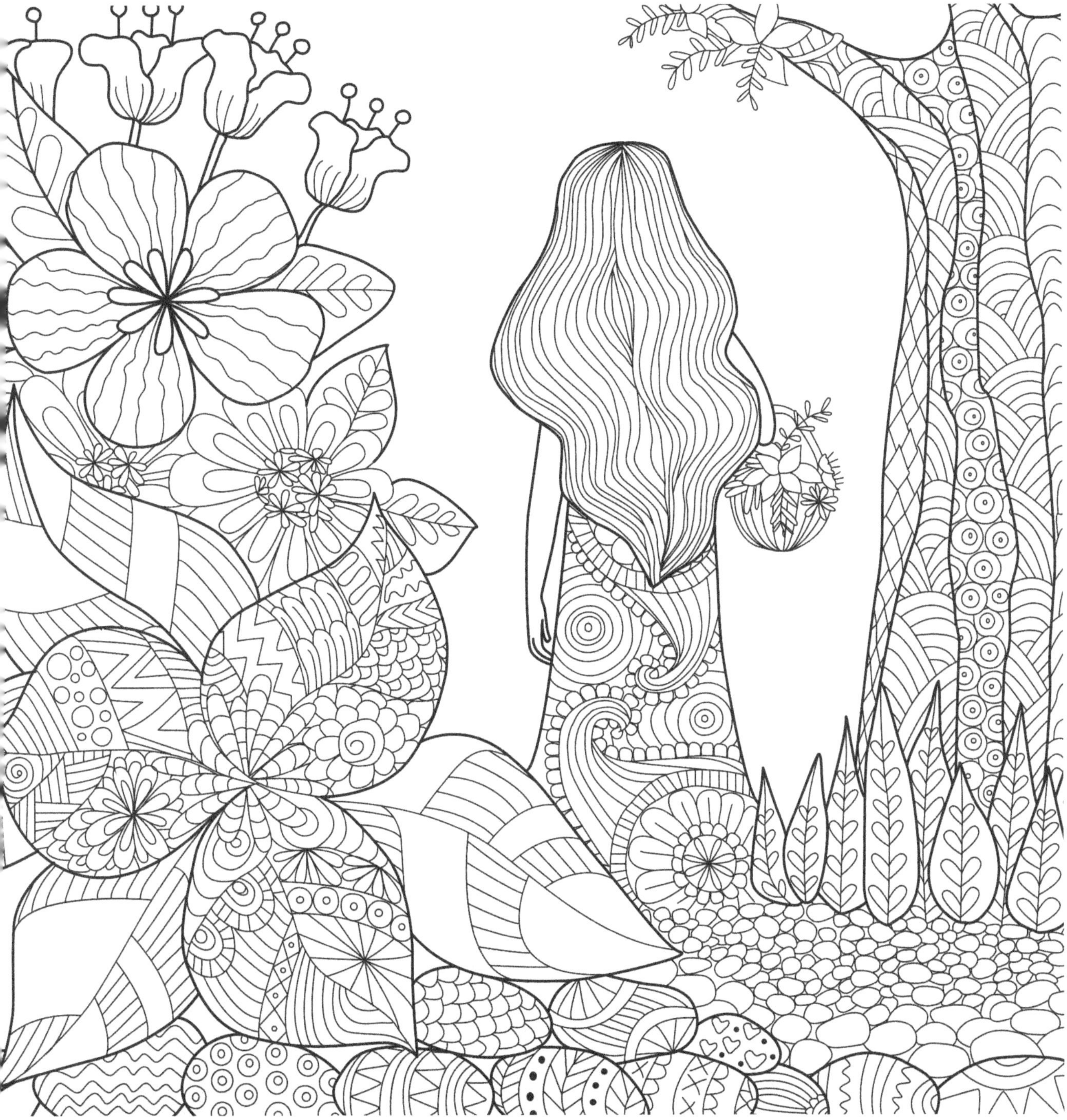

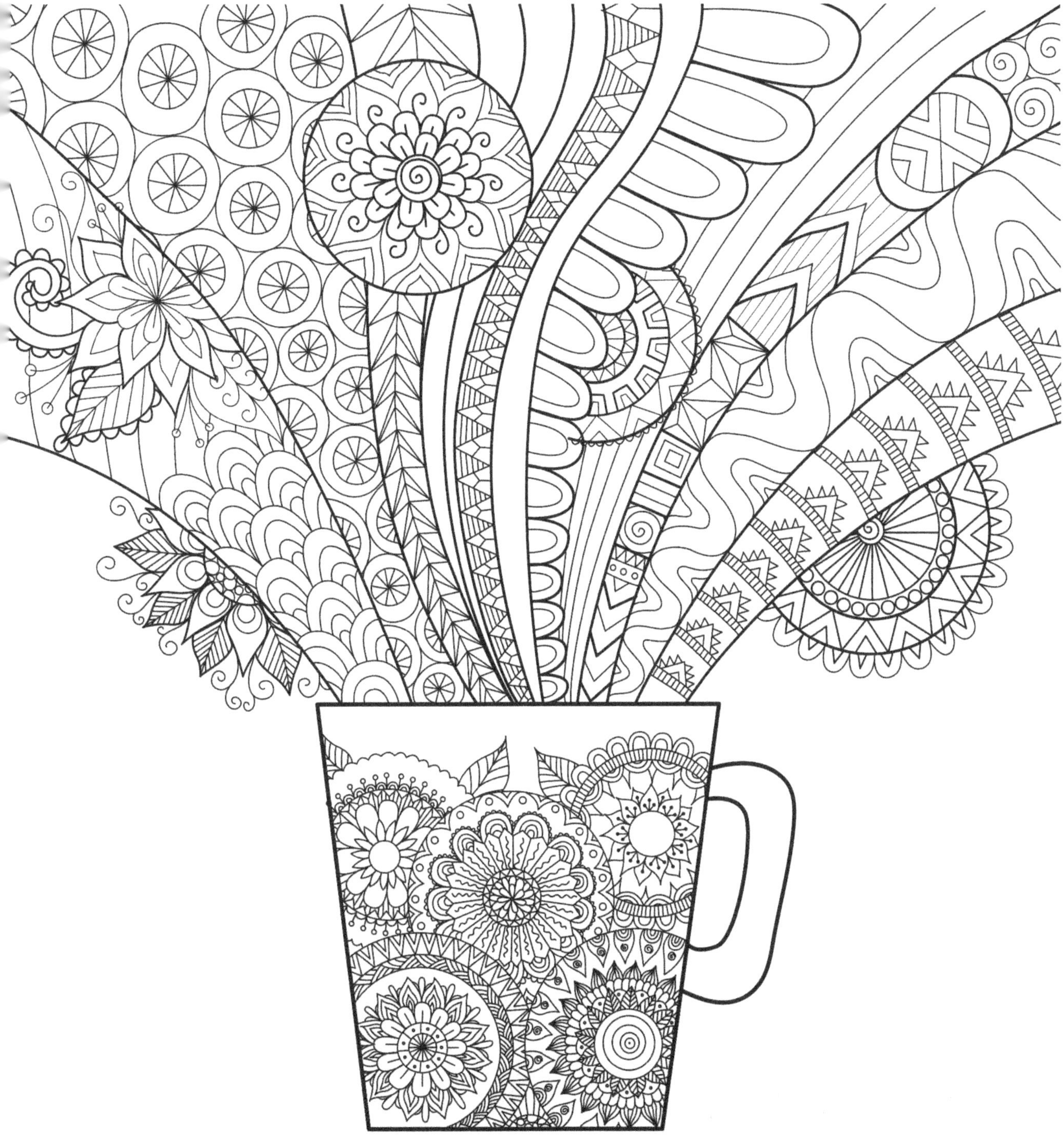

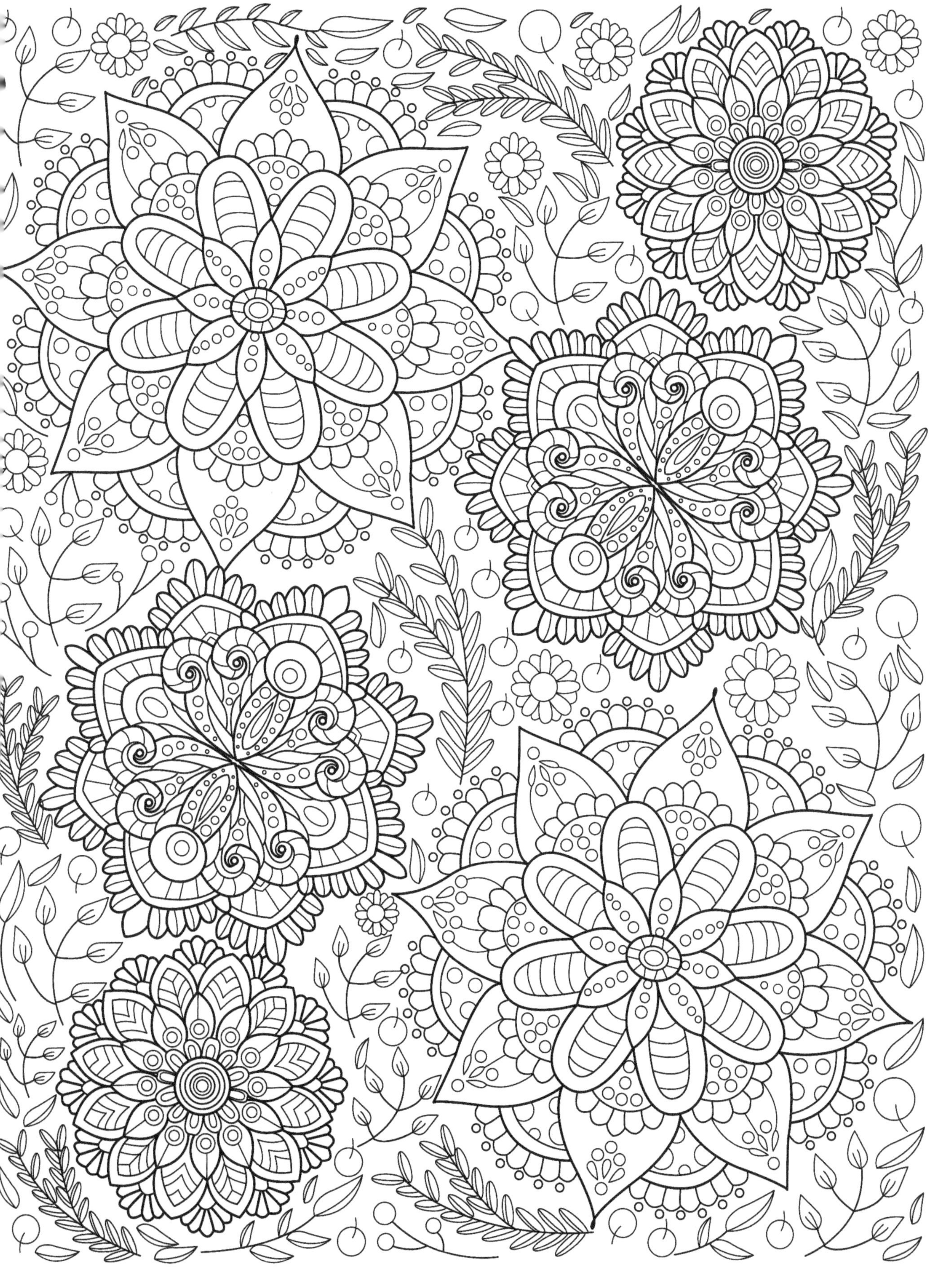

CPSIA information can be obtained
at www.ICGtesting.com
Printed in the USA
BVHW022102140423
662364BV00005B/184